Salzkammergut

Franz Hauleitner

Salzkammergut für Bergwanderer

80 ausgewählte Wanderungen und Spaziergänge im Salzkammergut und seinen Randgebieten

Mit 83 Farbfotos und 80 farbigen Wanderkärtchen im Maßstab 1 : 50 000

BERGVERLAG RUDOLF ROTHER GMBH · MÜNCHEN

Umschlagbild:
Schafberggipfel mit Berghotel Schafbergspitze von Osten

Sämtliche Fotos vom Autor

Wanderkärtchen im Maßstab 1 : 50 000:
W. Mayr, Innsbruck

Die Ausarbeitung aller in diesem Führer beschriebenen Anstiege und Routen erfolgte nach bestem Wissen und Gewissen des Autors. Die Benützung dieses Führers geschieht auf eigenes Risiko. Soweit gesetzlich zulässig, wird eine Haftung für etwaige Unfälle und Schäden jeder Art aus keinem Rechtsgrund übernommen.

2. Auflage 1992

ISBN 3-7633-4096-3

Gesamtherstellung Rother Druck GmbH, München
(2308/2907)

Vorwort

Das Salzkammergut zählt zu den reizvollsten Urlaubsgegenden Mitteleuropas. Wo sonst vereinen sich unterschiedliche Landschaftsformen zu einem so harmonischen Ganzen, wo sonst werden dem Erholungssuchenden derart vielfältige Möglichkeiten geboten. Das Gebiet ist Teil der Nördlichen Kalkalpen sowie der ihnen vorgelagerten Flyschzone (Sandstein) und erstreckt sich zwischen Fuschlsee im Westen, Alpenvorland im Norden, Totem Gebirge im Osten und Dachstein im Süden. Drei österreichische Bundesländer haben daran Anteil: Steiermark, Oberösterreich und Salzburg. Zentrale und höchste Erhebung ist der eisbedeckte Dachstein, 2995 m.
Wuchtige Kalkstöcke, bewaldete Mittelgebirge, liebliche Talgefilde, eine Vielzahl von Seen, reizvolle Ufer mit einladenden gastlichen Orten und darüber die strahlende Pracht der Dachsteingletscher, sie prägen in ihrer Gesamtheit den Charakter, sie erzeugen den besonderen Reiz dieser wahrhaft unvergleichlichen Landschaft. Gewaltige Höhlensysteme, der bekannte Salzreichtum und die damit in Zusammenhang stehenden Heilbäder (Sole!) sowie viele historische Sehenswürdigkeiten kommen hinzu. Somit hat das Salzkammergut jedem etwas zu geben. Vor allem der Wanderer findet hier ein Eldorado. Er hat die Wahl zwischen einem einfachen Talspaziergang und einer Seen-Rundwanderung, zwischen Mittelgebirgstour und Almwanderung, zwischen Hüttenweg und hochalpinem Gipfelanstieg.
Aus dem reichen Tourenangebot werden im vorliegenden Führer 80 besonders lohnende Wanderungen und Spaziergänge ausgewählt. Sie alle sind unschwierig und können auch von weniger geübten Bergfreunden, von Kindern und älteren Leuten unternommen werden. Die mittlere Gehzeit (für Hin- und Rückweg) beträgt drei Stunden, die als Obergrenze angesetzte Anstiegshöhe von 750 m wird kaum überschritten, im Durchschnitt liegt sie bei 400 m. Nächtigung ist bei keiner Wanderung erforderlich, es handelt sich also durchwegs um bequeme Halbtages- oder Tagesausflüge.
Der Autor wünscht allen Benützern dieses Führers schöne und erlebnisreiche Tage in der wundervollen Bergwelt des Salzkammergutes.

Wien, im Frühjahr 1992 Dr. Franz Hauleitner

Inhaltsverzeichnis

Touristische Hinweise

Zum Gebrauch des Führers

Das Inhaltsverzeichnis informiert über den Aufbau des Buches und gibt einen Überblick über alle nachstehend beschriebenen, nach Gebieten geordneten Wanderwege. Innerhalb eines Tourenvorschlags findet man wichtige Informationen zunächst in Form eines Steckbriefs. Es folgt eine kurze Charakterisierung, sodann die Beschreibung des entsprechenden Weges. Ergänzt wird der Text durch eine mehrfarbige Wanderkarte mit eingezeichneter Route und einem Farbbild. Nach dem Beschreibungsteil werden in einem Anhang Kurzausflüge und Tips für Schlechtwettertage vorgestellt. Wichtiger Bestandteil des Führers ist das Stichwortverzeichnis am Schluß. Hier sind alle behandelten Berge und Berggruppen, Talorte, Ausgangspunkte, Stützpunkte und Tourenziele angeführt. Es bereitet daher keine Schwierigkeit, je nach eigenem Standort verschiedene Wandermöglichkeiten nachzuschlagen. Schließlich informiert eine Übersichtskarte über die Lage der einzelnen Ausflugsgebiete.

Anforderungen

Die meisten Wanderungen verlaufen auf gut instand gehaltenen, markierten Steigen und Wegen, sind also im alpinistischen Sinn leichte Unternehmungen. Trotzdem verlangen manche Touren Trittsicherheit, Schwindelfreiheit und etwas Ausdauer. Um die jeweiligen Anforderungen besser einschätzen und vergleichen zu können, wurden die Nummern der einzelnen Tourenvorschläge mit verschiedenen Farben versehen. Es bedeuten:

BLAU

Wanderungen in Tal- und Almregionen. Unschwierig und nur wenig anstrengend. Auch für Kinder und Senioren geeignet. Gesamtgehzeit bis 4 Stunden. Anstiegshöhe bis 600 m.

ROT

Wanderungen in Bergregionen (bis 2400 m). Unschwierige, jedoch teilweise steile, exponierte Steiganlagen. Gesamtgehzeit bis 6 Stunden. Anstiegshöhe bis 800 m.

SCHWARZ

Wanderungen in hochalpinen Lagen (Wegabschnitte über 2500 m), zum Teil auch im Felsgelände. Vielfach steile, exponierte Steige. Mitunter Zuhilfenahme der Hände erforderlich. Nur für trittfeste, konditionsstarke und alpin erfahrene Wanderer empfehlenswert. Gesamtgehzeit auch über 7 Stunden. Anstiegshöhe manchmal über 800 m.

Gefahren
Obwohl die meisten hier angeführten Wanderungen gebahnten Wegen oder Straßen folgen, ist an einzelnen abrutschbereiten Stellen, bei Querung steiler Hänge oder hartgefrorener Schneefelder sowie im steinschlaggefährdeten Gelände Vorsicht am Platze.

Ausrüstung
Feste Schuhe mit Profilgummisohle, Kniebundhose sowie Rucksack mit Pullover, Regenschutz, Anorak und kleinerem Tourenproviant (Wasserflasche!) sind Voraussetzung.

Karten
Die den einzelnen Wandervorschlägen beigegebenen, mehrfarbigen Karten mit Routeneintragungen sind ein wesentlicher Bestandteil des Führers. Mit ihnen erübrigt sich die Mitnahme anderer Wander- und Spezialkarten.

Gehzeiten
Zeitangaben sind zwar reichlich bemessen, enthalten jedoch nur die *reine* Gehzeit. Es werden Anstiegs-, Abstiegs- und Gesamtzeit vermerkt. Bei längeren Touren sind auch Zeiten für einzelne Etappen angeführt.

Schutzhütten, Gaststätten, Restaurants, Jausenstationen
Im Steckbrief findet man unter „Einkehrmöglichkeiten" alle an einer Wanderroute gelegenen, zur Sommerzeit geöffneten Stützpunkte. Nächtigungsmöglichkeit, Bettenzahl und Bewirtschaftungszeit werden angeführt.

Künstliche Aufstiegshilfen
Von Stützpunkten, die mit Seil-, Sessel-, Standseil- oder Zahnradbahn erreichbar sind, werden mehrfach Wanderungen im Abstieg beschrieben. Man beachte, daß diese oft nur während der Sommermonate Juli, August und September in Betrieb sind. In der übrigen Zeit können solche Tourenziele bzw. Ausgangspunkte nur zu Fuß erreicht werden.

Abkürzungen

A	=	Anhang
B.	=	Betten
bez.	=	bezeichnet, markiert
ganzj.	=	ganzjährig
Ghf.	=	Gasthof
Jst.	=	Jausenstation
L.	=	Lager, Matratzenlager
orogr.	=	orographisch, im Sinne des fließenden Wassers
P.	=	Punkt der Landkarte, Höhenkote

Der wuchtige Sandling, ein markanter Felsstock im Nordwesten von Altaussee, mit der Vorderen Sandlingalm.

1 In die „Plötz“

Wasserfälle und Mühlen-Idylle nördlich von Ebenau

Ebenau – „Plötz“ – Wieselberg-Höhenweg – Watzmannblick – Ebenau

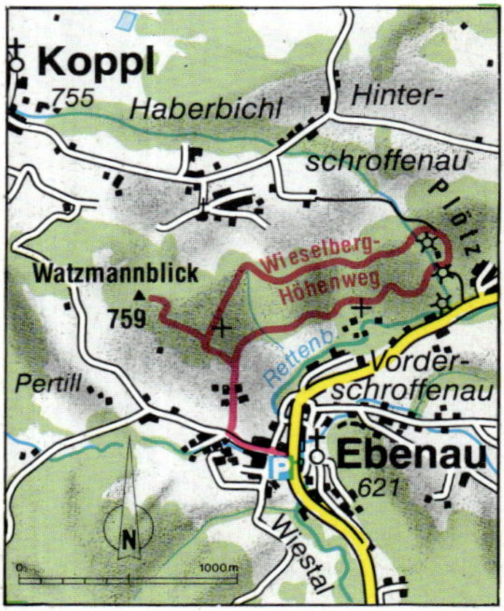

Talort: Ebenau, 621 m. Ruhige Sommerfrische im Salzburger Flachgau.
Ausgangspunkt: Ortszentrum von Ebenau.
Parkmöglichkeit: Im Ortsgebiet von Ebenau.
Gehzeiten: Ebenau – Plötz (Naturbad) $^{3}/_{4}$ Std., Plötz – Watzmannblick 1 Std., Watzmannblick – Ebenau $^{1}/_{2}$ Std.; Gesamtzeit $2^{1}/_{4}$ Std.
Anforderungen: Unschwierig, jedoch Trittsicherheit und Schwindelfreiheit erforderlich. Vorsicht mit Kindern (Absturzgefahr!)
Höchster Punkt: P. 759 („Watzmannblick“) des Wieselberges.
Einkehrmöglichkeit: Keine.
Sehenswertes: In der „Plötz“ schöner, 25 m hoher Wasserfall, ein Naturfelsenbad sowie mehrere alte Bauernmühlen (16. und 17. Jh.).

Die Nordwestecke der Osterhorngruppe, das Gebiet zwischen Fuschlsee und Salzachtal, wird von vielen nicht zum eigentlichen Salzkammergut gezählt. Doch gibt es hier überaus dankbare Wanderziele und eine Reihe von Urlaubsorten, die erholsame Tage abseits des großen Touristenstroms versprechen. Die Miniatur-Klamm der „Plötz“ bei Ebenau mit ihren reizenden Mühlen, Wasserfällen, Tümpeln und einem Naturbad lohnt jedenfalls die geringe Mühe eines Besuchs. Ein schöner Rundwanderweg führt von Ebenau durch die sehenswerte Waldschlucht und später am Aussichtspunkt „Watzmannblick“ vorbei.

Von Ebenau zum Naturbad „Plötz“: Eine Asphaltstraße (Tafel zu den Wieselbergwegen) westwärts unter der Ortsumfahrung durch, später über Wiese zu einer Teilung, 6 Min. Auf Sträßchen weiterhin über Wiesen nach rechts (Norden) zu einigen Bauernhäusern. Zwischen ihnen durch, dann gegen den Wieselberg ansteigend weiter zu neuerlicher Teilung. Auf dem blau bez. Weg Nr. 2 rechts, am Waldrand entlang, zu Verzweigung oberhalb mehrerer Häuser. Halblinks in den Wald und dort nach Nordosten aufwärts, zuletzt hinab in die vom Rettenbach gebildete Waldschlucht „Plötz“ mit schönem Naturbad.

Am Rettenbach im oberen Teil der Miniatur-Klamm „Plötz".

Durch die „Plötz" und auf dem „Höhenweg" zum „Watzmannblick": Auf bez. Weg, an Mühlen vorbei, durch die Klamm aufwärts zu Verzweigung (geradeaus weiter der Weg zum Plötz-Wasserfall). Hier rechts und über einen steilen Waldhang in Kehren hoch, dann nach links zu einer Mühle direkt oberhalb des Wasserfalls (Vorsicht!). Rechts neben dem Bach weiter zur Linksabzweigung des „Wieselberg-Höhenweges" (Nr. 3, gelb bez.). Auf ihm, an den Waldhängen des Wieselberges entlang, auf und ab nach Südwesten zu einer Teilung. Rechtshaltend in Kehren nach Nordwesten empor zum Aussichtspunkt „Watzmannblick" (P. 759 des Wieselberges).
Rückweg nach Ebenau: Zurück zur letzten Wegteilung, dort rechts und in Kehren durch Wald nach Südosten hinunter zu freien Wiesen mit dem bereits bekannten Weg. Auf ihm retour nach Ebenau.

2 Rund um den Strumberg

Blumenwiesen und grausiger Felsspalt

Ebenau – Wiestalpromenade – Metzgersteig – Gasthof Strubklamm – Strumberghof – Ebenau

Talort: Ebenau, 621 m. Ruhige Sommerfrische im Salzburger Flachgau.
Ausgangspunkt: Ortszentrum von Ebenau.
Parkmöglichkeit: Im Ortsgebiet von Ebenau
Gehzeiten: Ebenau – Metzgersteig – Ghf. Strubklamm 2 – 2½ Std., Ghf. Strubklamm – Strumberghof – Ebenau 1 Std.; Gesamtzeit 3 – 3½ Std.
Anforderungen: Lange Rundwanderung auf Straßen oder schlecht bez. Wegen. Trittsicherheit und Schwindelfreiheit nötig!
Höchster Punkt: Höchste Stelle am Metzgersteig, ca. 770 m.
Einkehrmöglichkeit: Ghf. „Zur Strubklamm" (von September bis Juni am Donnerstag Ruhetag, sonst immer offen; keine Nächtigung!).
Sehenswert: Die Tiefblicke vom Metzgersteig in die Strubklamm.

Zu den großen Sehenswürdigkeiten rund um Ebenau gehört die wildromantische Strubklamm. Die einzige Weganlage dort, der sagenumwobene „Metzgersteig", hatte schon vor mehr als 500 Jahren Bedeutung als Wallfahrerroute aus dem Salzachtal nach St. Wolfgang. Der Erzählung nach soll einst ein Metzger seine Frau vom höchsten Punkt der Klamm in die Tiefe gestoßen haben. Die Schlucht kann von Ebenau aus im Zuge einer Um-

Im Südwesten von Strubklamm und Wiestal-Stausee grüßen Hoher Göll und Watzmann.

rundung des Strumberges besucht werden. Einige beschauliche Wanderstunden sind einem sicher.

Von Ebenau zum Ghf. Strubklamm: Die Ausfahrtsstraße nach Süden zum Ortsende, dort nach links hinauf zum Beginn der Wiestalpromenade (Weg Nr. 804). Diese an der linken Talseite, am Waldrand entlang, eben nach Süden zur Straße Ebenau – Faistenau. Auf ihr geradeaus durch Wald aufwärts zu einer Teilung und rechtshaltend wieder hinab zur Schwarzbachbrücke. Kurz vorher links ab und südwärts zum Almbach. Jenseits steil empor zu einer Wiesenhochfläche und auf Weg nach links (Osten) zum Hof Heiligenstein. Eine Asphaltstraße geradeaus in den Kieselbachgraben, später nach links (Norden) hinauf zum Hof Roßbach und auf Fahrweg über Wiesen weiter zu einer Schulter. Nun den Metzgersteig (Stromleitung) rechts über der Strubklamm steil nach Osten empor zum höchsten Punkt des Weges (ca. 770 m; Tiefblick!). Abwärts zur Wiese beim Hof Hinterstein, dort 50 m am linken Rand entlang, dann durch Wald nach links (Nordosten) hinab zur Schluchtabbruchkante (Vorsicht!). Neben ihr eben zum verlandeten Strubklamm-Stausee. Über die Staumauer und jenseits hinauf zur Straße Ebenau – Faistenau. Auf ihr nach rechts zum Ghf. Strubklamm.

Vom Ghf. Strubklamm zurück nach Ebenau: Die Straße nach Faistenau 100 m weiter, dann auf Naturstraße (Weg Nr. 9 und 10) einen Waldgraben nach links (Nordwesten) hinauf zu einem Wiesensattel. Geradeaus, am Ostabhang des Strumberges entlang, durch Wiesen und Wald zu den Höfen Strumberg und Haberpoint. Nun bald auf Asphaltstraße über Wiesen nach Nordwesten abwärts und zurück nach Ebenau.

3 Faistenauer Schafberg, 1559 m

Ein Außenseiter unter den Hochgipfeln des Salzkammergutes

Parkplatz Schafbachalm – Schafbergalm – Hochwiesalm – Faistenauer Schafberg

Talort: Faistenau, 786 m, auf sonnenreicher Talhochfläche im westlichen Salzkammergut gelegene Sommerfrische. Fuschl, 670 m, Erholungsort am Ostende des gleichnamigen Sees.
Ausgangspunkt, Parkmöglichkeit: Parkplatz am Schafbachalm-Sattel (1038 m) zwischen Faistenauer Schafberg und Zwölferhorn. Zufahrt von Faistenau (11 km) oder von Fuschl (9 km).
Gehzeiten: Parkplatz – Faistenauer Schafberg 1¼ – 1½ Std., retour ¾ bis 1 Std., Gesamtzeit 2 – 2½ Std.
Anforderungen: Kaum anstrengende, leichte Bergtour. Vorsicht mit Kindern im Gipfelbereich (Steilabstürze!).
Höchster Punkt: Faistenauer Schafberg, 1559 m.
Einkehrmöglichkeiten: Jst. Schafbachalm (ganzj. geöffnet), Jst. Hochwiesalm (vom 1. Mai bis 15. Oktober offen).
Sehenswertes: Die Rundsicht vom Gipfel des Faistenauer Schafberges.
Hinweis: Von der Hochwiesalm kann auch das südlich gelegene Loibersbacher Horn (1456 m, unschwierig) bestiegen werden. ¼ Std. von der Alm.

Obwohl der Name gewisse Parallelen vermuten ließe, hat der Faistenauer Schafberg mit seinem berühmten Namensvetter am Wolfgangsee nur wenig gemein. Das beginnt schon damit, daß sein Gipfel noch im Schweiße des Angesichts „erkämpft“ werden muß und man daher als Bergsteiger noch unter seinesgleichen ist. Auch hat der Berg als Aussichtswarte nicht ganz die Qualitäten seines nördlichen Gegenstücks, trotz wundervoller Tiefblicke, trotz spektakulärer Rundsicht. Wie dem auch sei, der „Foasten Schofberg“, wie ihn Einheimische nennen, ist ein dankbares Ziel und sollte in das Programm eines Salzkammergutbesuchs gehören.

Blick vom Gipfel des Faistenauer Schafberges nach Süden gegen die Osterhorngruppe.

Vom Parkplatz Schafbachalm auf den Faistenauer Schafberg: Die Straße nach Süden weiter zu einer Teilung und dort rechtshaltend zu der am Fuß des Schafberges gelegenen Schafbachalm. Auf Weg Nr. 41 westwärts hinauf in den Wald und in steilen Serpentinen empor zu querendem Fahrweg. Diesen über den Ostrücken des Berges in einigen Kehren aufwärts, später nach links in die Südseite und dort über Wiesen nach Westen hinauf zur Schafbergalm, 1260 m. Über steile Grashänge in Westrichtung weiter aufwärts zu der am Sattel zwischen Loibersbacher Horn und Schafberg gelegenen Hochwiesalm, ca. 1350 m. Prachtblick nach Südosten zum Dachstein! Rechtshaltend den steilen Südwestrücken des Schafberges zunächst über Wiesen, dann durch Wald empor zum baumfreien Gipfel (1559 m, Gipfelkreuz, Buch).
Abstieg auf gleicher Route.

4 Um den Fuschlsee

Dreistündige Uferwanderung in erholsamer Parklandschaft

Fuschl – Hundsmarkt (Jausenstation Berger) – Schloß Fuschl – Wesenau – Fuschl

Talort: Fuschl, 670 m, Erholungsort am Ostende des gleichnamigen Sees.
Ausgangspunkt: Ortszentrum von Fuschl (Kirche, Verkehrsamt)
Parkmöglichkeit: Im Ortsgebiet von Fuschl
Gehzeit: 3 Stunden
Anforderungen: Bequeme Wanderung auf stets guten Wegen.
Höchster Punkt: Schloß Fuschl, 681 m.
Einkehrmöglichkeiten: Jst. Berger (ganzj. offen, keine Nächtigung!), Holzknechtstüberl (Selbstbedienung, im Sommer geöffnet).
Sehenswertes: Vom Schloß Fuschl Abstecher zum Hotel-Restaurant Jagdhof (ganzj. geöffnet, Jagdmuseum mit großer Pfeifensammlung, Wildpark).
Hinweis: Am West- und Südufer des Fuschlsees mehrfach Bademöglichkeit.

Dem von Salzburg her anreisenden Besucher präsentiert sich bald nach Hof der in liebliche, grüne Uferlandschaften eingebettete Fuschlsee. Mit den eigenwillig geformten Höhen des Schober, Höllkar, Ellmaustein und Schafberg darüber und dem auf einer Halbinsel malerisch gelegenen Schloß Fuschl davor ein herrliches, vielbewundertes Bild. Wem würde es da nicht nach einer Umwanderung des wundervollen Sees gelüsten? Eine Halbtagestour, die zu jeder Jahreszeit, bei jedem Wetter andere Eindrücke vermittelt.

Die Rundtour: Die Straße zum See zur Rechtsabzweigung der Thalgauer Straße. Auf ihr ebenfalls zum Seeufer und nach rechts (Norden) zum Hotel Seewinkel. Gleich danach auf dem Norduferweg (Nr. 1) links ab und in Nordwestrichtung am steilen, bewaldeten Ufer dahin zu den Feldbauer-Wiesen. Hier geradeaus weiter, dann wieder am bewaldeten Steilufer entlang, bis der See verlassen wird und man zu den freien Wiesen um Thalgauegg gelangt. Auf Fahrweg zu einer Verzweigung und nach rechts zu den Häusern von Hundsmarkt mit der Jst. Berger, 1¼ Std. Die Asphaltstraße nach Hof 200 m westwärts zur Linksabzweigung des Uferweges. Diesen über sumpfige Wiesen nach Südwesten zum Westende des Sees. Auf breitem Weg, am Rande eines Golfplatzes vorbei, zu einer Teilung. Halbrechts im Wald steil nach Südosten empor, dann oberhalb von Schloß Fuschl (nach rechts zum Jagdhof) vorbei und wieder abwärts zum See. Auf Promenadenweg (Nr. 4) am bewaldeten Südufer weiter zu den Wiesen von Fischer und zu einer Asphaltstraße. Diese nach links (Südosten), später auf Waldweg, an einer düsteren Klamm vorbei, oberhalb des Sees entlang, schließlich hinaus zu den Wiesen und Häusern von Wesenau mit dem Holzknechtstüberl. Ostwärts weiter, dann aufwärts zur Bundesstraße Nr. 158, die beim Brunnwirt erreicht wird. Die Straße kurz geradeaus, sodann die Ortseinfahrtsstraße nach links (Norden), am Strandbad vorbei, zurück in das Zentrum von Fuschl.

Fuschlsee mit Schloß Fuschl in Westansicht.

5 Schober, 1328 m

Luftige Aussichtskanzel mit überraschendem Sieben-Seen-Blick

Fuschl – Jausenstation Wartenfels – Schober – Frauenkopf – Jausenstation Wartenfels – Fuschl

Talort: Fuschl, 670 m, Erholungsort am Ostende des gleichnamigen Sees
Ausgangspunkt: Ortszentrum von Fuschl (Kirche, Verkehrsamt).
Parkmöglichkeit: Im Ortsgebiet von Fuschl.
Gehzeiten: Fuschl – Schober 2 Std., Abstieg Schober – Frauenkopf – Jst. Wartenfels – Fuschl 1¼ – 1½ Std.; Gesamtzeit 3¼ – 3½ Std.
Anforderungen: Trittsicherheit, Schwindelfreiheit und Übung im Felsgelände (gesicherte Passagen) nötig. Nur bei trockenem Wetter!
Höchster Punkt: Schober, 1328 m.
Einkehrmöglichkeit: Jst. Wartenfels (vom 1. Mai bis 26. Oktober offen, keine Nächtigung!).
Sehenswertes: Die Ruine Wartenfels. Vom Schober umfassende Rundsicht und Sieben-Seen-Blick.
Hinweis: Bei Auffahrt mit dem Auto zur Jst. Wartenfels (6 km ab Fuschl, 8 km ab Thalgau) 1½ Std. Zeitersparnis!

Man sieht ihm seine Vorzüge als Aussichtswarte mit abwechslungsreichem Anstieg nicht an, diesem steilen, bis hoch hinauf bewaldeten Bergkegel am Nordrand der Salzkammergut-Kalkalpen. Doch der Schein trügt! Schon der Zugang von Fuschl zur Jst. Wartenfels gibt eine Vorahnung. An der Ruine Wartenfels vorbei leitet ein Serpentinensteig den steilen Nordwestkamm des Berges zur Höhe. Über exponierte, drahtseilgesicherte Felsen erreicht man schließlich den Gipfel, der eine phantastische Rundsicht auf Salzkammergutberge, Osterhorngruppe und Berchtesgadner Alpen gewährt.

Von Fuschl auf den Schober: Die Straße zum See zur Rechtsabzweigung der Thalgauer Straße. Auf ihr ebenfalls zum Seeufer und weiter zum Parkhotel Waldhof. Rechts ab und auf Karrenweg (Nr. 10) durch Wald und über Wiesen nach Norden hinauf zum Hof Schoberbauer, 738 m. Geradeaus über eine Wiesenzunge empor, später am Gehöft Musch vorbei, schließlich am bewaldeten Westabhang des Schober entlang zur Jst. Wartenfels, 924 m. Auf Weg Nr. 2 durch Wald nach Südosten hinauf. Bei Verzweigung nach links (Norden) zu einem Sattel am Schober-Nordwestkamm (links die

Tiefblick vom Schober gegen den Fuschlsee. Dahinter die Osterhorngruppe und die Berchtesgadener Alpen.

Ruine Wartenfels). Am steilen, felsig bewaldeten Kamm in engen Kehren empor, zuletzt über ausgesetzte, aber unschwierige Felsen (Drahtseile) zum höchsten Punkt (1328 m; Gipfelkreuz, Buch).

Übergang zum Frauenkopf und Abstieg nach Fuschl: An Trittklammern und Drahtseilen einige Meter nach Süden hinunter zu Unterstandshütte (Tisch, Bänke; Nächtigung nur mit Biwakausrüstung!) und über kurze Leiter weiter abwärts. Nun auf Steig durch die bewaldete Ostseite des Gipfelgrates nach Süden zum Frauenkopf (unkotiert; Gipfelkreuz, Buch). Die steile, felsig-bewaldete Südrippe in Serpentinen hinunter, später nach rechts in die Südwestflanke und dort in weiten Kehren durch Wald abwärts, schließlich lange Querung nach rechts (Norden) zur Jst. Wartenfels. Weiter auf bekannter Route nach Fuschl.

6 Filbling, 1307 m

Tribünenplatz überm Fuschlsee

Fuschl – Filblingsee – Filbling

Talort: Fuschl, 670 m, Erholungsort am Ostende des gleichnamigen Sees.
Ausgangspunkt: Ortszentrum von Fuschl (Kirche, Verkehrsamt).
Parkmöglichkkeit: Im Ortsgebiet.
Gehzeiten: Fuschl – Filblingsee – Filbling 2¼ – 2½ Std., retour 1¼ – 1½ Std.; Gesamtzeit 3½ – 4 Std.

Anforderungen: Einfacher, z. T. steiler Waldanstieg auf Forststraßen oder gut bez. Wegen.
Höchster Punkt: Filbling, 1307 m.
Einkehrmöglichkeit: Keine.
Sehenswertes: Die ausgedehnte Rundsicht vom Filbling mit Tiefblick auf Fuschl und See.

Verglichen mit dem steil aufragenden Schober (Tour 5) ist der gegenüber, im Süden des Fuschlsees, stehende Filbling ein eher bescheidener Berg. Von seinem baumfreien Scheitel enthüllt sich jedoch ein unerwartet umfassendes Panorama, das dem des nur 20 m höheren Schober kaum nachsteht. Der Gipfel kann ohne Probleme erreicht werden, was man vor allem bei weniger gutem Wetter zu schätzen weiß. Statt Felsen und Steilabstürzen wartet dort oben ein abgeschiedener kleiner Waldsee, der Filblingsee. Hier kann man vorzüglich rasten, ungestört baden oder, wenn man will, auch geschäftige Wildenten füttern.

Von Fuschl auf den Filbling: Die Straße nach Westen zum Seeufer, dann nach links (Süden), am Strandbad vorbei, zur Bundesstraße Nr. 158. Auf ihr 200 m nach rechts zum Brunnwirt. Danach auf Asphaltstraße rechts ab und nahe dem Seeufer über Wiesen nach Westen zu den Häusern von

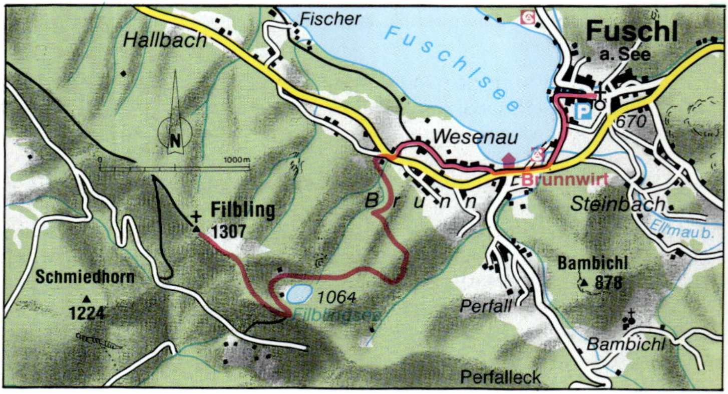

Filblingsee und Schober von Süden (Filblingsattel).

Wesenau. Gleich nach dem Wesenauer Hof eine Naturstraße nach links (Süden) hinauf und wieder zur Bundesstraße Nr. 158. Diese rechtshaltend über eine Brücke, dann auf Straße nach links (Süden) zu einer Schottergrube; Verzweigung. Links eine Waldstraße (Weg Nr. 40 und 804) in weiten Kehren nach Südwesten hinauf zu dem in einem bewaldeten Bergkessel gelegenen Filblingsee (1064 m), 1½ Std.
Auf Karrenweg rechts oberhalb des Sees in Südwestrichtung steil aufwärts, später im Linksbogen zum Filblingsattel, ca. 1160 m. Rechtshaltend auf zum Teil felsigem Steig (Weg Nr. 40) den bewaldeten, nach oben schmäler werdenden Südostrücken des Filbling hinauf zum baumfreien Gipfelkamm. Über ihn fast eben hinüber zum höchsten Punkt (1307 m; Gipfelkreuz, Buch).
Abstieg auf gleichem Weg.

7 Zwölferhorn, 1522 m

Abwechslungsreicher Direktabstieg vom St. Gilgener Paradeberg

St. Gilgen – Zwölferhorn – Elferkogel – Gasthof Sausteigalm – Gasthof Weißwand – St. Gilgen

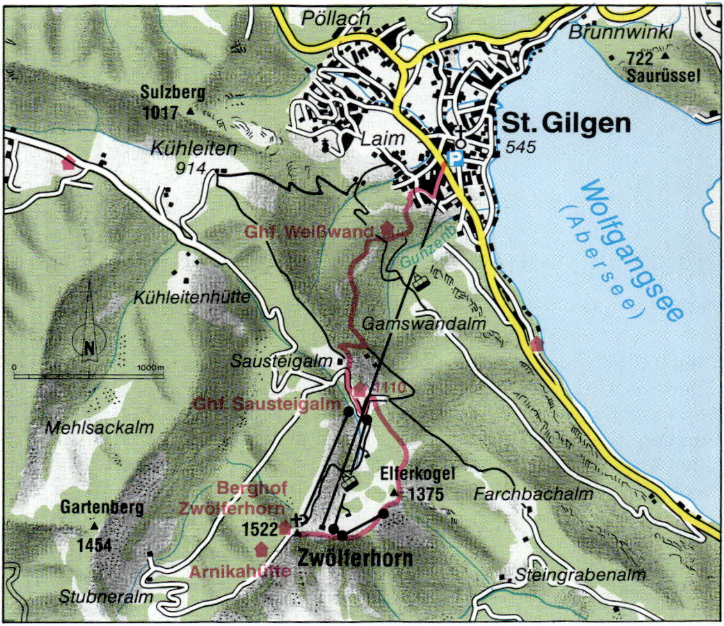

Talort: St. Gilgen, 545 m, am Nordwestende des Wolfgangsees gelegen.
Ausgangspunkt: Bergstation der Zwölferhornbahn, ca. 1480 m. Talstation in St. Gilgen an der Bundesstraße Nr. 158. Betrieb vom 1. Mai bis 31. Oktober täglich von 9.00 bis 17.00 Uhr, von Juni bis August bis 18.00 Uhr. Auffahrt zur vollen Stunde.
Parkmöglichkeit: In St. Gilgen neben der Zwölferhornbahn-Talstation.
Gehzeiten: Bergstation – Zwölferhorn – St. Gilgen 1¾ – 2 Std.

Anforderungen: Unschwieriger Steilabstieg. Trittsicherheit nötig!
Höchster Punkt: Zwölferhorn, 1522 m.
Einkehrmöglichkeiten: Stüberl an der Zwölferhornbahn-Bergstation (keine Nächtigung!), Berghof Zwölferhorn (20 B., 20 L.), Ghf. Sausteigalm (20 B., 20 L.), Ghf. Weißwand (20 B., 30 L.), alle Betriebe zugleich mit der Seilbahn geöffnet).
Sehenswertes: Die umfassende Rundsicht vom Zwölferhorn. Der atemberaubende Tiefblick vom Ghf. Weißwand auf St. Gilgen.

Tiefblick vom Berghof am Zwölferhorn nach Norden zum Wolfgangsee.

Dieser Direktabstieg nach St. Gilgen führt über die luftige Felskanzel des Elferkogels zur Sausteigalm und am prächtig postierten Ghf. Weißwand vorbei wieder hinunter zum Parkplatz bei der Zwölferhornbahn.

Abstieg vom Zwölferhorn nach St. Gilgen: Von der Bergstation zunächst über Grashänge (Weg) nach Südosten hinauf an den Nordostrücken (Sonnenterrassen) und diesen rechts empor auf das Zwölferhorn (1522 m; Gipfelkreuz, Bänke). Wieder zurück zu den Sonnenterrassen und am Rücken weiter zu einem Aussichtspunkt. Auf Weg Nr. 1 und 855 den begrünten Kamm abwärts in einen Wiesensattel (Verzweigung) und jenseits auf Weg Nr. 1A hinauf zu dem nach Osten vorkragenden Felsgipfel des Elferkogels, 1375 m. Über seinen steilen, bewaldeten Nordrücken in engen Kehren hinunter zu dem neben der Hornbahn, auf freier Wiesenschulter gelegenen Ghf. Sausteigalm, 1110 m. Auf Straße den Grasrücken des Langriedels nach Nordwesten zu einigen Heuhütten. Hier rechts hinunter in den Wald (Weg Nr. 1 und 855) und dort in steilen Windungen abwärts zu einer Teilung. Rechtshaltend (Weg Nr. 1) weiter zu dem auf einem Felsvorsprung stehenden Ghf. Weißwand, 800 m. Auf Steig (Nr. 1) durch Wald nach Osten hinab zu querendem Weg. Diesen nach links und um eine Bergkante herum zum Aussichtspavillon „Margaretenhöhe". Über Stufen westwärts hinab unter die Weißwand, dann in Kehren nach rechts hinunter und durch Wald zu den Häusern von St. Gilgen. Hier die Helenenstraße, später den Breitfeldweg zur Bundesstraße Nr. 158 und zur Talstation der Zwölferhornbahn.

8 Zwölferhorn, 1522 m

Die lange Talabwanderung über die Illingerberg-Alm nach Gschwand/Brunn

St. Gilgen – Zwölferhorn – Pillsteinkopf – Illingerberg-Alm – Gschwand/Brunn – zurück mit Bus zum Ausgangsort

Talorte: St. Gilgen, 545 m, Urlaubsort am Nordwestende des Wolfgangsees. Gschwand/Brunn, ca. 560 m, Weiler auf der Zinkenbach-Halbinsel im Süden des Sees.
Ausgangspunkt: Bergstation der Zwölferhornbahn, ca. 1480 m. Talstation in St. Gilgen. Betrieb vom 1. Mai bis 31. Oktober täglich von 9.00 bis 17.00 Uhr, von Juni bis August bis 18.00 Uhr., Auffahrt zur vollen Stunde.
Parkmöglichkeit: In St. Gilgen neben der Zwölferhornbahn-Talstation.
Gehzeiten: Bergstation – Zwölferhorn – Pillsteinkopf ³/₄ Std., Pillsteinkopf – Brunn 2 – 2¹/₄ Std.; Gesamtzeit 2³/₄ – 3 Std.
Anforderungen: Einfache, aber lange Wanderung talwärts.
Höchster Punkt: Zwölferhorn, 1522 m.
Einkehrmöglichkeiten: Stüberl an der Zwölferhornbahn-Bergstation (keine Nächtigung!), Berghof Zwölferhorn (20 B., 20 L.; beide mit der Seilbahn geöffnet), Jst. Illingerberg-Alm (vom 1. Juni bis 15. Oktober offen, keine Nächtigung!).
Sehenswertes: Die Rundsicht vom Zwölferhorn. Herrliche Almen im oberen Steingraben, später beeindruckender Sparber-Blick!

Egal, welche Route man für den Abstieg vom Zwölferhorn wählt, alle sind sie lohnend! Das gilt auch für die lange Wanderung nach Gschwand/Brunn. Nach der aussichtsreichen Kammüberschreitung zum Pillsteinkopf geht es an reizenden Almen und einer Jausenstation vorbei den Steingraben hinunter, bis zuletzt eine schnurgerade Waldstraße, dem Sparber entgegen, nach Brunn bringt. Daß die Tour dort auf offener Landstraße endet, wird von manchen bemängelt. Denn man ist, sofern man die Straßenwanderung zurück nach St. Gilgen vermeiden möchte, von den Fahrzeiten der ÖBB-Busse abhängig!

Die malerisch gelegene Illingerbergalm mit dem Wolfganger Schafberg im Norden dahinter.

Über das Zwölferhorn zum Pillsteinkopf: Wie bei Tour 7 auf das Zwölferhorn, 1522 m. Auf Weg Nr. 1 und 855 z. T. über Felsstufen den begrünten Südwestkamm hinunter zur Arnikahütte und auf Naturstraße weiter zum Sattel vor dem Pillsteinkopf. Nun auf Weg den Kamm geradeaus hinauf zur Wiesenkuppe des Pillsteinkopfes, 1478 m.
Abstieg nach Gschwand / Brunn: Auf Steig westwärts hinab zu einem Gatter und dort scharf nach links (Süden) durch Wald abwärts zum Wiesensattel vor dem Illingerberg. Links ab (Zaun; Weg Nr. 4 und 5) und über Wiesen steil gegen den Steingraben hinunter zu einer Forststraße. Diese nach links abwärts zur Jst. Illingerberg-Alm, ca. 1180 m.
Die Straße stets an der linken Seite des Grabens nach Nordosten zur Braunauer Hütte und weiter zur Stüblalm, 1051 m. Durch Wald in Kehren abwärts in die Sohle des Steingrabens und dort talaus zur Steingrabenalm, 877 m. An der linken Grabenseite nun fast 3 km nach Südosten abwärts zu einer Kapelle (Sparberblick!), dann über den Rücken des Troifer Berges nach links (Norden) und hinab zu den Häusern von Brunn, ca. 560 m. Auf Straße über Wiesen eben nach Norden zur Bundesstraße Nr. 158 mit Bushaltestelle.
Rückfahrt nach St. Gilgen mit ÖBB-Bussen (von 7.00 bis 19.00 Uhr mehrmals täglich).

9 Plombergstein-Rundtour

Eine höchst kurzweilige Wanderung mit zahlreichen Attraktionen

St. Gilgen – Plombergstein – Steinklüfte – Buchberghof – St. Gilgen

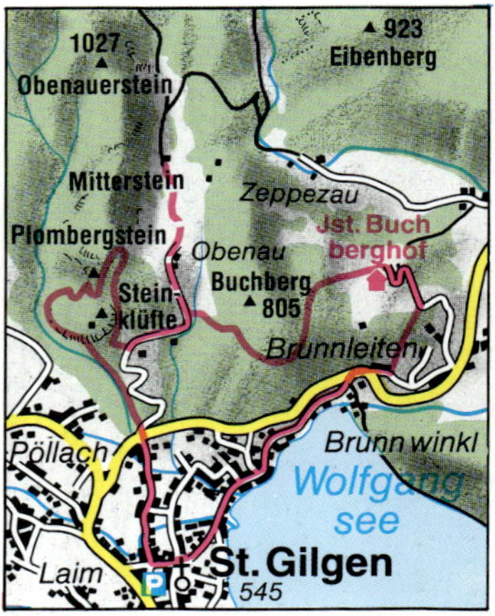

Talort: St. Gilgen, 545 m, am Nordwestende des Wolfgangsees gelegen.
Ausgangspunkt: Der Mozartplatz im Ortszentrum von St. Gilgen.
Parkmöglichkeit: Im Ortsgebiet von St. Gilgen
Gehzeiten: St. Gilgen – Plombergstein 1 1/4 Std., Plombergstein – Buchberghof – St. Gilgen 1 1/2 – 1 3/4 Std.; Gesamtzeit 2 3/4 – 3 Std.
Anforderungen: Unschwierige Wanderung, jedoch Trittsicherheit nötig.
Höchster Punkt: Plombergstein (Südgipfel, 830 m).
Einkehrmöglichkeit: Jst. Buchberghof (20 B., von Ostern bis 31. Oktober offen).
Sehenswertes: Der Tiefblick vom Plombergstein auf St. Gilgen und zum Wolfgangsee. Das Blocklabyrinth der „Steinklüfte" mit Höhlen und Felsgassen.
Hinweis: Lohnender Abstecher zu den prächtigen Obenau-Wiesen.

Wer nach einem Kinderprogramm Ausschau hält, das hundertprozentig „einschlägt", darf sich den Besuch von Plombergstein und Steinklüfte nicht entgehen lassen. Von lustigen Rinnsalen und Miniaturklammen angefangen über Blocklabyrinthe mit Felsgassen, Höhlen und umgekippten Riesenplatten bis zu Spielwiesen und romantischen Seeufern wird einfach alles geboten, was junge Herzen höher schlagen läßt. Startplatz ist der berühmte Mozartplatz in St. Gilgen. Den entferntesten Punkt hat man beim Buchberghof erreicht, wo auch für das leibliche Wohl gesorgt wird.

Von St. Gilgen auf den Plombergstein: Die Steinklüftestraße nach Norden aufwärts zur Bundesstraße Nr. 154, die traversiert wird. Nun auf Weg Nr. 17 durch Wald geradeaus zu einer Teilung und linkshaltend (Weg Nr. 17, später auch 804) hinab in den klammartigen Staffelgraben. Durch ihn nach Nordwesten aufwärts zu neuerlicher Verzweigung, 1/2 Std. Hier auf Weg Nr. 17 durch steiles, bewaldetes Gelände in Kehren nach rechts (Osten) empor zum Plombergstein-Sattel, dann nach Süden hinauf zu einer Teilung. Geradeaus weiter aufwärts zum Südgipfel des Plombergsteins (830 m; Aussichtsterrasse, Hütte).

St. Gilgen am Wolfgangsee von Nordwesten.

Durch die Steinklüfte zum Buchberghof und zurück nach St. Gilgen: Retour zur Verzweigung oberhalb des Plombergstein-Sattels. Rechtshaltend (Weg Nr. 17) zunächst in die Ostseite des Plombergstein-Nordgipfels, dann unter einer Wand scharf nach rechts (Süden) hinunter zum Blocklabyrinth „Steinklüfte" (Abzweigungen in die „Teufelsschlucht", zum „Predigtstuhl", in die „Kalte Kuchl" und zum „Felsentempel"). Südwärts weiter hinab zum Weg Nr. 804 und links zu einer Wiese. Nun auf Asphaltstraße, am Hof Plomberg vorbei, nach links (Osten) aufwärts, später durch Wald zum Südrand der Obenau-Wiesen. Rechts ab (Weg Nr. 28 und 804) und an den bewaldeten Südhängen des Buchberges entlang nach Osten zu freier Wiesenschulter (Schafberg-Blick!) mit der Jst. Buchberghof, ca. 680 m. Eine Asphaltstraße in Kehren nach Osten hinab zur Rechtsabzweigung von Weg Nr. 18. Diesen, an Häusern vorbei, nach Süden abwärts zur Bundesstraße Nr. 154 und jenseits, die Mondseer Straße oberhalb des Wolfgangsees entlang, zurück nach St. Gilgen.

10 Von St. Gilgen nach Fuschl

Auf Forststraßen kreuz und quer durch die Höllkargruppe

St. Gilgen – Eibensee – Fuschl – zurück mit Bus zum Ausgangsort

Talorte: St. Gilgen, 545 m, am Nordwestende des Wolfgangsees gelegen. Fuschl, 670 m, Erholungsort am Ostende des gleichnamigen Sees.
Ausgangspunkt, Parkmöglichkeit: Ortszentrum von St. Gilgen.
Gehzeiten: St. Gilgen – Eibensee 2¼ – 2½ Std., Eibensee – Fuschl 1¼ – 1½ Std.; Gesamtzeit 3½ – 4 Std.

Anforderungen: Lange, aber einfache Wanderung. Meist Forststraßen.
Höchster Punkt: Waldsattel (ca. 1110 m) im Südwesten des Höllkares.
Einkehrmöglichkeit: Keine.
Sehenswertes: Der Eibensee und die Moorhochfläche „Wildmoos".
Hinweis: Unbez. Steig (leichte Kletterstellen) um den Eibensee.

Der im Bereich der Höllkargruppe gelegene Eibensee, darüber der Mariannenkopf.

Die reizvolle Höllkargruppe mit ihren Wäldern und teilweise felsigen Erhebungen ist wie geschaffen für lange Wanderungen und Streifzüge. Obwohl hier der Bau von Forststraßen viel von der einstigen Ursprünglichkeit genommen hat, ist die Durchquerung der Gruppe vom Wolfgangsee zum Fuschlsee immer noch ein dankbares Unternehmen, auch bei weniger gutem Wetter. Höhepunkt ist der in einem stillen Waldkessel gelegene Eibensee, dessen Ufer zu erquickender Rast einladen.
Von St. Gilgen zum Eibensee: Wie bei Tour 9 zur Verzweigung im oberen Staffelgraben, ½ Std. Auf Weg Nr. 804 nach links hinaus zu einer Wiese

mit Asphaltstraße (Wolfgangsee-Blick!) und diese rechts aufwärts zu den Häusern von Reith; Verzweigungspunkt. Rechtshaltend auf Karrenweg (Nr. 13) vorerst über Wiesen, später durch Wald in Kehren aufwärts zu einer Schulter mit querender Forststraße. Auf ihr durch die Ostflanke des Wallhüttenkopfes nach rechts aufwärts zu einem Sattel, dann eben nach links (Norden) zu einer Teilung. Linkshaltend durch einen Graben hinauf zur verfallenen Walleralm (ca. 1040 m), schließlich nach rechts (Norden) empor zum Sattel (ca. 1110 m) südwestlich des Höllkars mit Verzweigung gleich danach. Hier links und durch den Wald nach Nordwesten abwärts zur Linksabzweigung des Steiges auf den Mariannenkopf (1074 m; Gipfelkreuz, Buch; Tiefblick zum Eibensee!). Die Straße in Nordrichtung weiter,

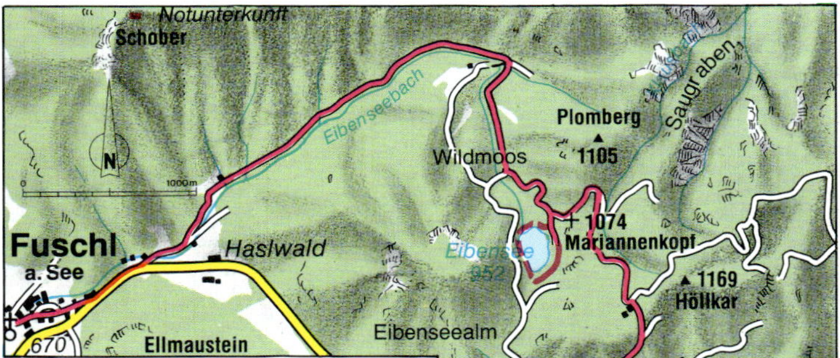

später um den Mariannenkopf herum nach Südwesten hinunter, zuletzt links ab und auf Weg in Kürze zum Eibensee, 952 m.

Vom Eibensee nach Fuschl: Zurück zur Forststraße (Weg Nr. 13) und diese durch Wald in Kehren nach Norden abwärts zur Moorhochfläche „Wildmoos". Über sie geradeaus in den Graben des Eibenseebaches und durch ihn nach links talaus zur Bundesstraße Nr. 158. Auf ihr 300 m gerade weiter, dann rechts ab und auf Straße nach Fuschl, 670 m.

Rückfahrt mit Bus (von 8.56 bis 21.11 Uhr nahezu stündlich).

11 Von St. Gilgen nach St. Wolfgang

Der legendenumwobene Wallfahrerweg über den Falkenstein

St. Gilgen – Fürberg – Falkensteinsattel – Ried – St. Wolfgang – zurück mit dem Schiff zum Ausgangsort

Talort: St. Gilgen, 545 m, und St. Wolfgang, 549 m.
Ausgangspunkt, Parkmöglichkeit: Ortszentrum von St. Gilgen.
Gehzeit: St. Gilgen – St. Wolfgang 2½ – 3 Std.
Anforderungen: Problemlose Wanderung auf Straßen oder breiten Wegen.
Höchster Punkt: Falkensteinsattel, ca. 750 m.
Einkehrmöglichkeiten: Ghf. Fürberg (60 B., vom 15. Mai bis 10. Oktober offen), in Ried mehrere Gasthöfe.
Sehenswertes: Die Wolfgang-Kapelle (Kriechhöhle, Wunderglocke) sowie die Kapelle mit Wunderquelle (gegen Augenleiden) in der Falkenschlucht.
Hinweise: Vom Ghf. Fürberg Abstecher zum Ochsenkreuz (im See) und zum Hochzeitskreuz (am Ufer). Ab Falkenschlucht lohnende Variante zum „Scheffelblick“ und zum Falkenstein-Gipfel!

Die vorliegende Wanderung am Nordufer des Wolfgangsees entlang folgt jenem alten Pilgerweg, der schon im Mittelalter tausende Gläubige aus dem Salzburger Raum nach St. Wolfgang brachte. In der Falkenschlucht erinnern zahlreiche Andachtsstätten an den Regensburger Bischof Wolfgang, der hier im 10. Jh. gegen Teufelsanbetung und Aberglauben kämpfte und eine Kapelle erbauen ließ.

Die herrliche Wolfgangsee-Uferpromenade von Brunnwinkl zur Bucht von Fürberg.

Von St. Gilgen nach St. Wolfgang: Von der Pfarrkirche den Streicher Platz nach Norden zu Teilung. Rechts durch die Mondseer Straße nahe dem Seeufer weiter zur Rechtsabzweigung von Weg Nr. 28 und diesen abwärts zu den Häusern von Brunnwinkl. Nun die Uferpromenade zur Fürberg-Bucht mit dem Ghf. Fürberg, 1 Std. Auf Uferstraße weiter in eine Badebucht mit Verzweigung. Hier links (Weg Nr. 28) den Waldgraben der Falkenschlucht steil empor zu einer Verflachung mit der Wolfgang-Kapelle rechts oben in der Felswand. Im Graben weiter zur Wunderwasser-Kapelle und hinauf zum Falkensteinsattel (ca. 750 m), 1½ – 1¾ Std. Jenseits an den bewaldeten Abhängen des Schafberges nach Südosten abwärts, später auf Güterweg nach links und bald über Wiesen hinunter nach Ried mit Uferstraße. Im Ortsbereich zweigt nach links die Obere Rieder Straße ab. Auf ihr oberhalb des Sees entlang weiter nach St. Wolfgang, 549 m.

Rückfahrt nach St. Gilgen mit dem Linienschiff der ÖBB (vom 7. Mai bis 9. Oktober von 9.00 bis 18.00 Uhr, im Hochsommer von 8.45 bis 20.30 Uhr nahezu stündlich).

12 Schafberg, 1782 m

Schauwonnen am „Normalabstieg“ über die Schafbergalm

St. Wolfgang – Schafberg – Schafbergalm – Ried – St. Wolfgang

Talort: St. Wolfgang, 549 m. Urlaubsort am Nordufer des gleichnamigen Sees.
Ausgangspunkt: Berghotel Schafbergspitze. Auffahrt mit der etwa stündlich verkehrenden Zahnradbahn (vom 7. Mai bis 9. Oktober täglich von 8.35 bis 16.45 Uhr, vom 18. Juni bis 11. September von 7.05 bis 18.25 Uhr in Betrieb; bei Schönwetter Fahrten bis zum 31. Oktober). Talstation im westlichen Ortsteil von St. Wolfgang (Robert-Stolz-Straße).
Parkmöglichkeit: Bei der Talstation der Schafbergbahn in St. Wolfgang.
Gehzeit: Schafberg – St. Wolfgang 2 Std.
Anforderungen: Bequemer Abstieg auf breiten, bez. Wegen.
Höchster Punkt: Schafberg, 1782 m.
Einkehrmöglichkeiten: Berghotel Schafbergspitze (70 B.), Schutzhaus Himmelspforte (15 L.; beide mit der Zahnradbahn geöffnet), Ghf. Schafbergalm (18 B., 30. L.; vom 1. Mai bis 31. Oktober offen), Naturfreundehütte Schafbergalm (20 L., vom 15. Mai bis 15. Oktober offen), Jst. Aschinger (ganzj. offen, keine Nächtigung!).
Sehenswertes: Die herrliche Rundsicht vom Schafberg (14-Seen-Blick!).

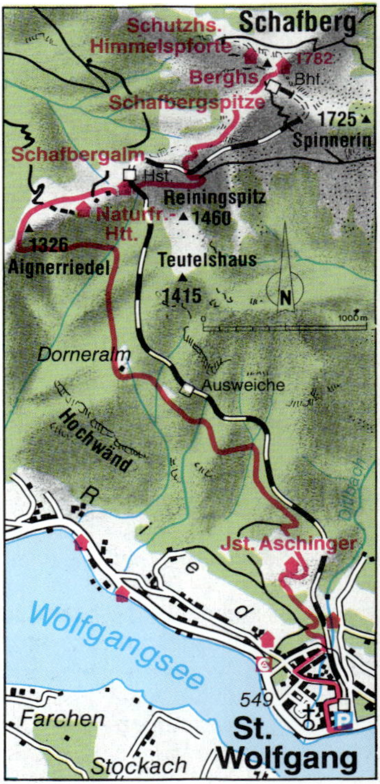

Der Schafberg hat glühende Verehrer, aber auch verschworene Feinde. Es gibt solche, die mehrmals im Jahr auf seinem Scheitel stehen und die wahrhaft unvergleichliche Rundschau von diesem „Rigi der Ostalpen“ bewundern. Andere wiederum meiden ihn, denn für sie ist er Inbegriff der Naturzerstörung und des Massentourismus. Vielen ist natürlich auch die alte, dampfbetriebene Zahnradbahn ans Herz gewachsen. Nach dem Erlebnis der Bergfahrt und der genossenen Rundsicht empfiehlt sich als einfachster Talabstieg der hier beschriebene Wanderweg über die Schafbergalm. Ein Geh- und Schauerlebnis für jung und alt – ein Höhepunkt jedes Salzkammerguturlaubs.

Das Schutzhaus Himmelspforte am Gipfel des Schafberges. Blick nach Westen gegen das Fuschlsee-Gebiet.

Vom Berghotel Schafbergspitze nach St. Wolfgang: Auf Weg Nr. 20 und 804 über begrünte Hänge nach Südwesten hinunter, dann über Felsstufen (Stiegen) in Kehren steiler abwärts zur Zahnradbahn und über Wiesen weiter zur Bahnstation Schafbergalm, 1364 m. Am Ghf. Schafbergalm vorbei über die grasige Bergschulter nach Südwesten hinaus zur eigentlichen Schafbergalm (Naturfreundehütte Schafbergalm); Verzweigungspunkt. Auf Weg Nr. 23 geradeaus weiter, dann um den Aignerriedel nach links herum und abwärts in den Wald. Hier an den Südhängen des Schafberges entlang nach Südosten hinunter zur Dorneralm, danach auf Fahrweg zu einer Rechtskehre. Bald danach links ab und auf Fahrweg über eine Wiese zur Jst. Aschinger. Auf Naturstraße durch Wald und über Wiesen südwärts hinunter nach Ried. Hier die Obere Rieder Straße links, am Hotel Försterhof vorbei, zum Dittelbach. Jenseits auf Asphaltstraße nach rechts (Süden) zur Robert-Stolz-Straße am Ufer des Wolfgangsees. Diese linkshaltend zur Talstation der Schafbergbahn.

13 Schafberg, 1782 m

Der reizvolle Drei-Seen-Weg nach St. Wolfgang

St. Wolfgang – Schafberg – Drei-Seen-Weg – Vormaueralm – St. Wolfgang

Talort, Ausgangspunkt, Parkmöglichkeit: Siehe Tour 12!
Gehzeiten: Schafberg – Vormaueralm 2 Std., Vormaueralm – St. Wolfgang 1½ Std.; Gesamtzeit 3½ Std.
Anforderungen: Lange Wanderung. Im teilweise felsigen Gelände (Drahtseilsicherungen) sind Trittsicherheit und Schwindelfreiheit nötig. (Vorsicht bei Nässe, Schnee oder Vereisung!).
Höchster Punkt: Schafberg, 1782 m.
Einkehrmöglichkeiten: Berghotel Schafbergspitze (70 B.), Schutzhaus Himmelspforte (15 L.); siehe Tour 12.
Sehenswertes: Die herrliche Rundsicht vom Schafberg (14-Seen-Blick!).

Der lange Abstieg vom Schafberg durch die Nordseite zur Vormaueralm und weiter nach St. Wolfgang zählt zu den großartigsten Unternehmungen des Salzkammerguts. Hauptattraktionen sind neben faszinierenden Panoramablicken die drei am Fuß der Schafberg-Nordwände gelegenen Karseen, von denen jeder sein Flair, seinen eigenen Charakter besitzt.

Am Wolfganger Schafberg: Blick durch die Himmelspforte zum Mondsee.

Vom Berghotel Schafbergspitze zur Vormaueralm: Den Kammweg nach Westen zum Schutzhaus Himmelspforte und auf Weg Nr. 18 und 804 geradeaus abwärts zur Scharte der „Himmelspforte" (Torbogen mit Aufschrift). Durch die Pforte rechts in die Nordseite. Dort in felsigem Gelände (Drahtseile), später eine steile Mulde hinunter. Schließlich unter den Schafberg-Wänden eben nach rechts (Osten) zu einer Schulter. Kurz gegen den Suissensee hinab, dann am linken Rand der Karmulde zu einer Verzweigung. Rechts (Weg Nr. 17) durch bewaldetes Gelände nach Osten, um eine Bergkante herum zum malerischen Mittersee. Über Wiesen steil nach Süden hinauf in eine Scharte und unter den Ostwänden des Törlspitz, an Geröllhängen entlang, hinunter in den Wald und weiter zum Mönichsee (1300 m, Badegelegenheit!). Auf Weg Nr. 27 kurz nach Osten aufwärts, dann quer durch die grasigen Westhänge des P. 1363 nach Süden, zuletzt durch Wald zur Vormaueralm, ca. 1360 m.

Abstieg über den Vormauerweg nach St. Wolfgang: Auf Weg C westwärts steil hinab in den Wald und dort linkshaltend, an einer Quelle vorbei, nach Südwesten abwärts zu einem Fahrweg. Auf ihm bald in die Südseite des Vormauersteines und dort in weiten Kehren hinunter, zuletzt auf Forststraße zum Ahornplatz. Nun auf Asphaltstraße über Wiesen nach Süden hinab zur Michael-Pacher-Straße und diese durch das Ortsgebiet von St. Wolfgang nach rechts zurück zur Talstation der Schafbergbahn.

14 Schwarzensee-Rundtour

Eine Pflichtwanderung für jeden Wolfgangsee-Besucher

St. Wolfgang – Schwarzensee – Strobl – zurück mit Bus oder Schiff zum Ausgangsort

Talort: St. Wolfgang, 549 m, und Strobl, 542 m, am Wolfgangsee.
Ausgangspunkt: Kirche St. Wolfgang.
Parkmöglichkeit: Im Ortsgebiet.
Gehzeiten: St. Wolfgang – Schwarzensee 1½ Std., Schwarzensee-Umwanderung 1 Std., Schwarzensee – Strobl 1½ Std.; Gesamtzeit 4 Std.
Anforderungen: Einfache Wanderung auf bez. Wegen. Trittsicherheit nötig!
Höchster Punkt: Schwarzensee, 716 m.
Einkehrmöglichkeiten: Jst. Holzerbauer (im Sommer offen!), Fischerhütte, Ghf. „Zur Lore“ (beide von Ostern bis 31. Oktober offen), Alm-Stadl (Sommerbewirtschaftung, alle keine Nächtigung!), Ghf. Bürglstein (15 B., ganzj. offen).
Sehenswertes: Von der Jst. Holzerbauer prächtiger Blick auf das Wolfgangseegebiet. Reizvoll der Bürglstein-Weg.

Schwarzensee und Gamsfeldgruppe von Norden.

Von St. Wolfgang zum Schwarzensee: Die Michael-Pacher-Straße nach Osten zur Elan-Tankstelle, dort links ab zu weiterer Teilung. Auch hier links und eine Asphaltstraße über Wiesen nach Norden hinauf zum Ahornplatz. Auf Straße, dann auf Wiesenweg (Nr. 28) am Waldrand entlang nach rechts (Osten), schließlich durch Wald hinauf zur Jst. Holzerbauer, ca. 680 m. Auf Naturstraße, dann auf Karrenweg über Wiesen und durch Wald nach Osten zu querendem Fahrweg. Diesen links empor zur Mauruskapelle (Verzweigung) und in Ostrichtung weiter aufwärts zur „Sattelhöhe". Jenseits hinunter zur Denreithalm und in den Schwarzenbachgraben. An seiner linken Seite durch Wald eben fort zum Schwarzensee (716 m) mit Alm-Stadl links und Ghf. Lore rechts.

Rund um den Schwarzensee: Den Fahrweg Nr. 28 (Westufer; Linksabzweigung eines Weges zur Fischerhütte) und die asphaltierte Ostuferstraße rund um den See und zurück zum Ghf. Lore.

Abstieg nach Strobl: Vom Ghf. Lore den z. T. gesicherten Wirersteig an der linken Seite des Schwarzenbachgrabens nach Süden abwärts, zuletzt über Holztreppen hinunter zum Elektrizitätswerk Schwarzensee. Nun auf Straße, an der „Grabenmühle" vorbei, talaus nach Schwarzenbach (551 m) und zur Straße Rußbach – St. Wolfgang. Auf ihr rechts zum Ghf. Bürglstein und noch 500 m weiter zur Linksabzweigung des Bürglstein-Panoramaweges. Diesen nach Süden an den Fuß des Bürglsteins, dann rechts, am Westufer des Wolfgangsees entlang nach Strobl, 542 m.

Rückfahrt nach St. Wolfgang entweder mit dem Bus oder mit dem Linienschiff der ÖBB (Betrieb vom 7. Mai bis 9. Oktober).

15 Hoheneck, 1165 m

Eine Bergtour abseits des Trubels

Rußbach – Lippenalm – Hoheneckalm – Hoheneck

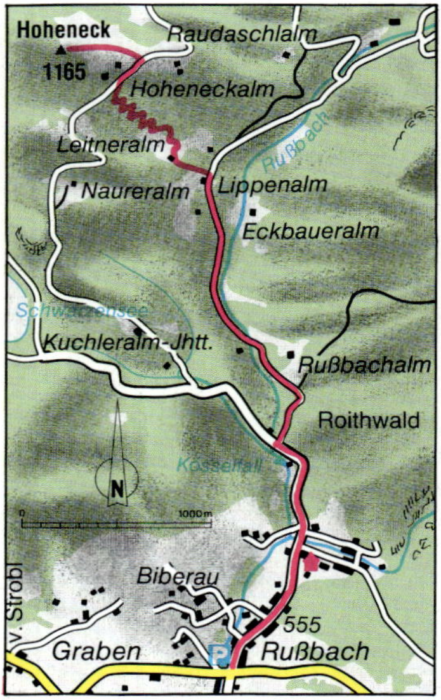

Talort: Strobl, 542 m, am Südostende des Wolfgangsees gelegener Ferienort.
Ausgangspunkt: Rußbach, 555 m, Dorf nordöstlich von Strobl. Von dort mit Bus oder eigenem Kfz zu erreichen, 6 km.
Parkmöglichkeit: Im Dorfbereich von Rußbach.
Gehzeiten: Rußbach – Lippenalm 1 Std., Lippenalm – Hoheneck 1½ St., Abstieg Hoheneck – Rußbach 1½ Std.; Gesamtzeit 4 Std.
Anforderungen: Unschwieriger, jedoch teilweise steiler und mühsamer Anstieg auf Forststraßen oder verfallenen Steigen. Weder Hinweistafeln noch Markierungen, daher gutes Orientierungsvermögen erforderlich.
Höchster Punkt: Hoheneck, 1165 m.
Einkehrmöglichkeit: Keine.
Sehenswertes: Die ausgedehnte Rundsicht vom Gipfel des Hohenecks.

Bild rechts: Auf der Hoheneckalm. Im Westen der Vormauerstein (Schafberg).

Das Hoheneck gehört zu den wenigen „unbekannten" und somit garantiert stillen Höhen in der Umgebung von Strobl und St. Wolfgang, ein Umstand, der vor allem dem Fehlen einer bezeichneten Steiganlage zu danken ist. Den zwischen Schwarzensee und Rußbachgraben aufragenden, nur im Gipfelbereich baumfreien Berg erreicht man am besten von Süden, von Rußbach und über die Lippenalm. Als Lohn für die Mühe wird ein instruktiver Überblick über das Wolfgangseegebiet geboten.

Von Rußbach auf das Hoheneck: Die Asphaltstraße zum Schwarzensee nach Norden aufwärts zur Rechtsabzweigung der Haleswies-Forststraße, 20 Min. Auf ihr (Weg Nr. 811) in Nordrichtung, an der Rußbachalm vorbei, durch Wald empor zur Lippenalm, ca. 760 m. Bei den der Straße nächstgelegenen Hütten links ab und auf verfallenem Karrenweg über Wiesen nach Norden, später weglos nach Nordwesten gegen einen seichten Waldgraben hinauf, zuletzt nach links zur Leitneralm, ca. 815 m. Im Graben eine

schmale, langgestreckte Almweide steil hoch zu einer Wegtrasse. Diese nach rechts in den Wald und hinauf zu einer Forststraße, die traversiert wird. Dem Steig folgend nun in engen Serpentinen über steile Waldhänge in Nordwestrichtung empor zu nächsten Forststraße und auf ihr nach rechts zu den Wiesen und Hütten der Hoheneckalm (ca. 1050 m, unbewirtschaftet!). Links von der Straße ab und auf begrüntem Weg über Almweiden steil nach Nordwesten empor zum Sattel zwischen den beiden Gipfeln des Hohenecks. Linkshaltend hinauf zu grasiger Schulter (Aussichtspunkt!), dann rechts, westwärts, empor zum licht bewaldeten Gipfel des Hohenecks (1165 m, dichter Farnbewuchs).
Abstieg auf gleichem Weg.

16 Haleswiessee, ca. 770 m

Ein Karstsee im Salzkammergut

Rußbach – Lippenalm – Fachbergsattel – Haleswiessee – Lippenalm – Rußbach

Talort: Strobl, 542 m, am Südostende des Wolfgangsees gelegener Ferienort.
Ausgangspunkt: Rußbach, 555 m, Dorf nordöstlich von Strobl. Von dort mit Bus oder eigenem Kfz zu erreichen, 6 km.
Parkmöglichkeit: Im Dorfbereich von Rußbach.
Gehzeiten: Rußbach – Lippenalm 1 Std., Lippenalm – Fachbergsattel – Haleswiessee 1 – 1¼ Std., Haleswiessee – Lippenalm ½ Std., Lippenalm – Rußbach ¾ Std.; Gesamtzeit 3¼ – 3½ Std.
Anforderungen: Unschwierige Rundwanderung. Teilweise schlecht bez. Wege, daher gutes Orientierungsvermögen nötig.
Höchster Punkt: Fachbergsattel, ca. 900 m.
Einkehrmöglichkeit: Keine.
Sehenswertes: Die blumenreichen, von Orchideen geschmückten Wiesen beim Haleswiessee.

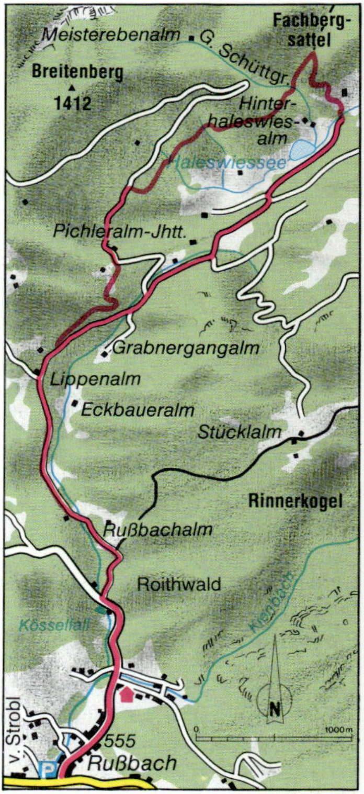

Neben den bekannten Glanzpunkten des Salzkammergutes gibt es eine Reihe übersehener, verborgener Schönheiten, die jedenfalls einen regeren Besuch verdienen würden. Der in stiller Abgeschiedenheit träumende Haleswiessee führt unter den vielen anderen Salzkammergutseen noch ein richtiges Aschenbrödeldasein. Unterm Leonsberg, in der grünen Dolinenmulde des inneren Rußbachgrabens gelegen, gilt er als einer der wenigen echten Karstseen dieser Gegend. An seinen sumpfigen Ufern wachsen Orchideen und andere eher seltene Pflanzen. Der See wird auf dem hier empfohlenen Rundwanderweg berührt, kann aber von der Lippenalm über Forststraßen auch direkt erreicht werden.

Der Haleswiessee im inneren Rußbachgraben.

Von Rußbach über den Fachbergsattel zum Haleswiessee: Die Asphaltstraße zum Schwarzensee nach Norden aufwärts zur Rechtsabzweigung der Haleswies-Forststraße, 20 Min. Auf ihr (Weg Nr. 811) in Nordrichtung, an der Rußbachalm vorbei, durch Wald empor zur Lippenalm, ca. 760 m. Bald nach ihr Straßenteilung. Halblinks (Weg Nr. 811) aufwärts zu einer Linkskehre. Dort auf dem breiten Haleswiesweg geradeaus und an den bewaldeten Hängen des Breitenberges, links überm Rußbachgraben, nach Nordosten sanft aufwärts zur Wiese am Fachbergsattel, ca. 900 m. Gleich am Beginn der Wiese scharf rechts ab (keine Tafel!) und auf unbez. Weg anfangs durch Wald, dann über Wiesen steil nach Südosten hinunter zur Hinterhaleswiesalm, 828 m. Auf Fahrweg den Rußbachgraben südwestwärts talaus zu dem in weiter Wiesenmulde gelegenen Haleswiessee, ca. 770 m.

Rückweg nach Rußbach: Links am See vorbei, dann auf Fahrweg durch Wald nach Südwesten aufwärts zu einer Anhöhe und nach links zu einer Forststraße. Auf ihr rechtshaltend (bei der ersten Verzweigung links, bei der zweiten rechts!) zurück zur Lippenalm. Weiter auf bekanntem Weg nach Rußbach.

17 Bleckwand, 1541 m

Leicht erreichbarer Aussichtsberg im Süden des Wolfgangsees

Parkplatz – Bleckwandhütte – Bleckwand – Niedergadensattel – Parkplatz

Talort: St. Gilgen, 545 m, und Strobl, 542 m. Jeweils an den Enden des Wolfgangsees gelegene Urlaubsorte.
Ausgangspunkt, Parkmöglichkeit: Parkplatz Bleckwandhütte, ca. 1180 m, auf der Niedergadenalm. Über Mautstraße von Geschwendt (Bundesstraße Nr. 158) her zu erreichen, 11 km von Strobl, 15 km von St. Gilgen.
Gehzeiten: Parkplatz – Bleckwandhütte – Bleckwand 1¼ Std., Bleckwand – Niedergadensattel – Parkplatz ½ Std.; Gesamtzeit 1¾ Std.
Anforderungen: Kurze, unschwierige Wanderung.
Höchster Punkt: Bleckwand (Südostgipfel, 1541 m).
Einkehrmöglichkeiten: Jst. Niedergadenalm (im Sommer offen, keine Nächtigung!), Bleckwandhütte (29 L., von Mai bis Oktober offen).
Sehenswertes: Die herrliche Rundsicht von den beiden Gipfeln der Bleckwand.
Hinweis: Vorsicht mit Kindern im Gipfelbereich der Bleckwand (Steilabstürze nach Nordosten).

Bleibt die Besteigung des matterhornähnlichen Sparber geübten Bergsteigern vorbehalten, so erweist sich die Überschreitung der benachbarten, im Vergleich zu ihm fast plump wirkenden Bleckwand dem Können des Wanderers zugeschneidert. Von der über eine Mautstraße erreichbaren Niedergadenalm kann dies auf lohnender Rundtour geschehen, die über Bleckwandhütte, Gipfel und Niedergadensattel wieder zurück zum Parkplatz führt. Als Aussichtskanzel übertrifft die Bleckwand wohl alle Erwartungen. Es wird ein Schauvergnügen geboten, das sich manche Einheimische nicht nur einmal im Jahr gönnen!

Vom Parkplatz auf die Bleckwand: Auf Weg Nr. 31 kurz ostwärts empor, dann die bewaldete Südwestflanke der Bleckwand nach links (Norden) hinauf zu der am Nordwestrücken auf einer Waldblöße gelegenen Bleckwandhütte (1329 m), ½ Std. Auf Weg Nr. 31 und 876 den bewaldeten Rücken bei abnehmender Steilheit aufwärts zum baumfreien Gipfelkamm und über ihn,

Die Bleckwandhütte am Nordwestrücken des gleichnamigen Berges.

an einem Felsenfenster vorbei, fast eben zum kreuzgeschmückten Nordwestgipfel (1516 m, Buch). Nach Südosten sanft abwärts zur Senke vor dem Hauptgipfel; Wegverzweigung. Hier geradeaus (Weg Nr. 876) und durch lichten Wald hinauf, zuletzt nach rechts zum höchsten Punkt der Bleckwand (Südostgipfel, 1541 m).

Abstieg über den Niedergadensattel zum Parkplatz: Zurück zur oben erwähnten Wegverzweigung. Links ab (Weg Nr. 31) und die Südwestflanke des Berges durch Wald und Wiesen steil nach Süden hinunter zum Niedergadensattel (1233 m) mit Parkplatz. Nun die Mautstraße, an den Hütten der Niedergadenalm vorbei, über Wiesen nach rechts (Nordwesten) abwärts und zurück zum Parkplatz Bleckwandhütte.

18 Wiesler Horn, 1603 m

Vielbesuchter Grasgipfel am Nordrand der Postalm

Oberer Parkplatz – Wiesler Alm – Wiesler Horn – Thoralm – Oberer Parkplatz

Talort: Strobl, 542 m. Am Südostende des Wolfgangsees gelegener Ferienort.
Ausgangspunkt, Parkmöglichkeit: Oberer Parkplatz (1325 m) am Ende der Postalm-Mautstraße, 16 km von Strobl.
Gehzeiten: Parkplatz – Wiesler Alm – Wiesler Horn 1½ Std., Wiesler Horn – Thoralm – Parkplatz 1¼ – 1½ Std.; Gesamtzeit 2¾ – 3 Std.
Anforderungen: Einfache Wanderung auf Straßen oder gut bez. Wegen. Trittsicherheit nötig. Vorsicht bei Nebel!
Höchster Punkt: Wiesler Horn, 1603 m.
Einkehrmöglichkeiten: Auf der Wiesler Alm mehrere Gaststätten (vom 1. Juni bis 15. Oktober offen, z. T. Nächtigungsmöglichkeit!), Ghf. Thoralm (20 B., 25 L.; vom 15. Mai bis Allerheiligen offen), Jst. Postalmhütte (im Sommer offen, keine Nächtigung!).
Sehenswertes: Die prächtige Rundsicht vom Wiesler Horn.

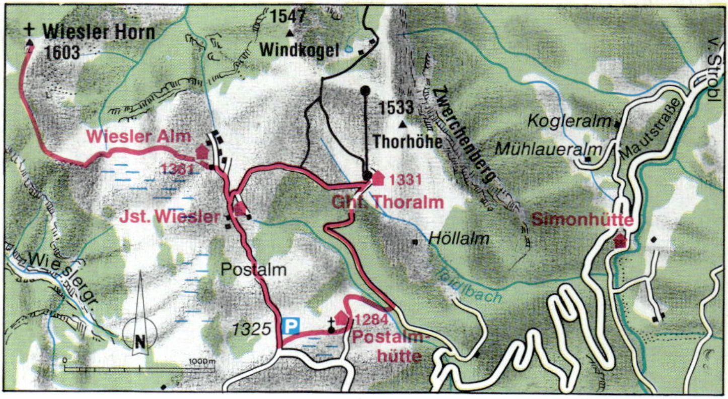

Die Postalm – nach der Seiser Alm in Südtirol die größte Almhochfläche Europas – mit ihren Zufahrtsstraßen aus dem Wolfgangsee-Bereich und dem Lammertal ist eine Welt für sich, ein Tourengebiet der unbegrenzten Möglichkeiten. Aus dem reichen Angebot an einfachen Wanderungen werden hier zwei Gustostückerl, die Besteigung des Pitschenberges (Tour 19) und die des Wiesler Horns, herausgegriffen. Dieser steile, gegen das Wolfganger Becken vorspringende Grasgipfel ist ein beliebter Aussichtsbalkon, auf dem sich's angenehm rasten, schauen und . . . träumen läßt!

Vom Oberen Parkplatz über die Wiesler Alm zum Wiesler Horn: In Westrichtung hinauf zu Schranke mit Straßenteilung gleich danach. Hier auf Na-

Die reizvoll gelegene Postalm-Kapelle.

turstraße (Weg Nr. 877, Rundwanderweg R 3) über Wiesen nach rechts (Norden) aufwärts zur Jst. Wiesler und weiter zu einer Verzweigung. Geradeaus nun etwas abwärts zur Wiesler Alm (1361 m, mehrere Gaststätten). Auf bez. Weg (keine Nummer!) westwärts über eine Anhöhe hinweg in eine Wiesenmulde. Aus ihr noch ein Stück nach Westen aufwärts, dann aber rechtshaltend durch die steile grasige Ostflanke des Wiesler Horns empor zum Gipfelkamm und über ihn nach Norden zum höchsten Punkt (1603 m; Gipfelkreuz, Buch).

Rückweg über die Thoralm zum Oberen Parkplatz: Zurück zur Straßenverzweigung bei der Jst. Wiesler. Links ab (Weg Nr. 877, Rundwanderweg R 3) und über Almweiden eben nach Osten, dann abwärts zu der in einer Mulde gelegenen Thoralm, 1331 m. Die Straße nun in Südrichtung durch Wald abwärts zur Rechtsabzweigung des Rundwanderweges R 3. Auf ihm westwärts über einen Bach, dann über Wiesen hinauf zur Jst. Postalmhütte (1284 m) und weiter zur malerischen Postalm-Kapelle. Nun über eine flache Wiese nach Südwesten zum Oberen Parkplatz.

19 Pitschenberg, 1720 m

Lohnende Hochflächenwanderung und einfache Gipfelbesteigung

Oberer Parkplatz – Pitschenbergalm – Pitschenberg

Talort: Strobl, 542 m, am Südostende des Wolfgangsees gelegener Ferienort.
Ausgangspunkt, Parkmöglichkeit: Oberer Parkplatz (1325 m) am Ende der Postalm-Mautstraße, 16 km von Strobl.
Gehzeiten: Parkplatz – Pitschenberg 2¼ – 2½ Std., retour 1¾ – 2 Std.; Gesamtzeit 4 – 4½ Std.
Anforderungen: Lange, aber unschwierige Wanderung. Vorsicht bei Nebel!
Höchster Punkt: Pitschenberg, 1720 m.
Einkehrmöglichkeit: Jst. Pitschenberghütte auf der Pitschenbergalm (Sommerbewirtschaftung, keine Nächtigung!)
Sehenswertes: Die prachtvollen Lärchenwälder und ausgedehnten Heidelbeerbestände im Anstieg zum Pitschenberg. Wunderbare Rundschau!

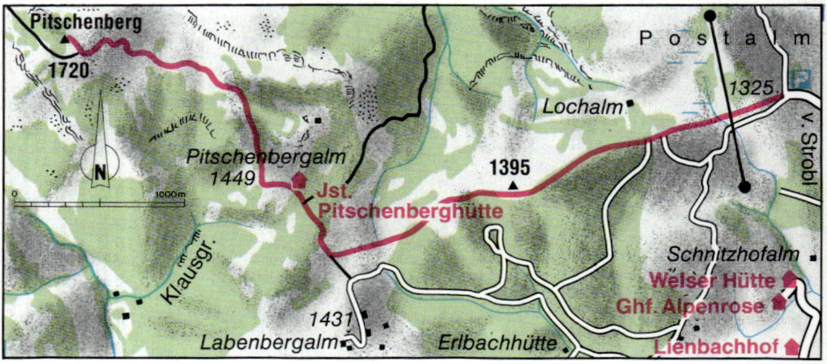

Bewegt sich Tour 18 auf das Wiesler Horn noch im Randbereich des Postalmgebietes, so lernt man bei einer Besteigung des Pitschenberges erst die ganze Weite dieser Almhochfläche kennen. Von der Pitschenbergalm schauen wir erstmals die Gletscherpracht des Dachsteins. Danach beginnt der Gipfelanstieg. Er führt durch einen richtigen Alpengarten, durch prächtige Lärchenwälder und ausgedehnte Heidelbeerbestände zur aussichtsreichen Höhe empor, auf der sich an Schönwettertagen oft viele Wanderfreunde einfinden.

Vom Oberen Parkplatz auf den Pitschenberg: Nach Westen hinauf zu Schranke mit Straßenteilung gleich danach. Die Straße nach links und bald zur Rechtsabzweigung von Weg Nr. 840. Auf ihm über Wiesen eben nach Südwesten zu einem Haus (ehem. Ghf. Huber). Nun zuerst durch sumpfigen Bergwald, später über einen breiten Wiesenrücken südwestwärts zu einer Anhöhe (P. 1395) und weiter zu einer Verzweigung. Hier geradeaus,

Die Jausenstation Pitschenberghütte auf der Pitschenbergalm.

südwestwärts, im Auf und Ab zu querendem Weg. Ihm (Nr. 840) folgen wir durch einzigartige Lärchenbestände nach rechts (Nordwesten) aufwärts zur herrlich gelegenen Pitschenbergalm (1449 m), 1¼ Std. Nach Westen hinauf zu einer Schulter, dort nach rechts (Nordwesten) und durch lichten Nadelwald, mehrere Dolinenmulden ausgehend, an den Ostrücken des Pitschenberges. Über ihn (prachtvolle Lärchenbestände!) aufwärts, später die Grashänge der Gipfelpyramide in Kehren hoch (viele Heidelbeeren!), bis der Weg nach links in die Südseite des Berges führt. Hier rechts ab und über Wiesen steil empor zum Gipfel des Pitschenberges, 1720 m.
Rückkehr auf gleicher Route.

20 Almkogel, 1030 m

Ohne Fleiß kein Preis!

Gasthof Drachenwand – Theklakapelle – Almkogel

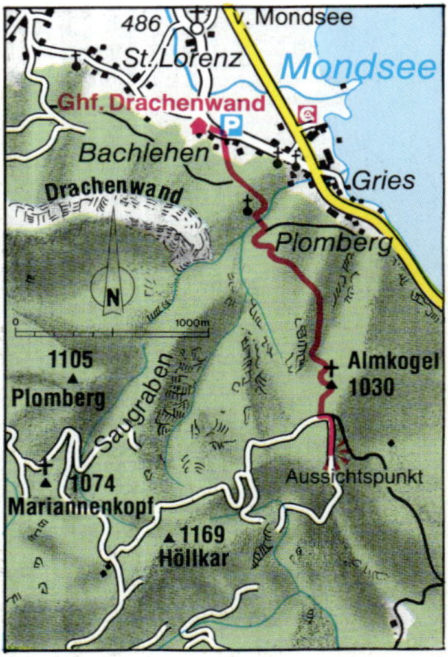

Talort: Mondsee, 493 m. Markt am Nordende des Mondsees.
Ausgangspunkt: Ghf. Drachenwand (ca. 490 m) in dem zur Gemeinde Mondsee gehörenden Ort St. Lorenz/Bachlehen, 5 km von Mondsee-Markt
Parkmöglichkeit: Im Ortsbereich von St. Lorenz/Bachlehen.
Gehzeiten: Ghf. Drachenwand – Almkogel 1¼ – 1½ Std., retour ¾ Std.; Gesamtzeit 2 – 2¼ Std.
Anforderungen: Anstrengender, jedoch nicht allzu langer Steilanstieg. Trittsicherheit nötig!
Höchster Punkt: Almkogel, 1030 m.
Einkehrmöglichkeit: Ghf. Drachenwand (19 B., vom 10. bis 31. Oktober geschlossen, sonst immer offen).
Sehenswertes: Die über der Theklakapelle grandios aufragende Drachenwand sowie die herrliche Rundsicht vom Almkogel.
Hinweis: Von der Forststraße (Kahlschlag) südlich oberhalb des Almkogel-Sattels Prachtblick auf Mondsee, Attersee, Höllengebirge und Schafberg!

Schober, Drachenwand und Almkogel sind die nördlichsten Erhebungen der Höllkargruppe, jenes kleinen Bergbezirks zwischen Fuschl-, Mond- und Wolfgangsee. Bleibt die Besteigung der Drachenwand guten Bergsteigern vorbehalten, so sind die beiden anderen Höhen (siehe auch Tour 5!) versierteren Wanderern durchaus zugänglich. Immerhin ist der Anstieg über die steile Nordflanke des Almkogels recht beschwerlich, so daß sich vielleicht mancher fragt, ob sich denn wirklich alle Mühe lohnt. Aber man wird angenehm überrascht, denn der Gipfel – ein aus dem Wald aufragender Felszacken – erweist sich als Vis-à-vis von Schafberg und Drachenwand, als phänomenaler Logensitz über der spiegelnden Wasserfläche des Mondsees.

Vom Ghf. Drachenwand auf den Almkogel: Die Asphaltstraße nach Gries/Plomberg 50 m nach Osten, dann rechts ab und auf Fahrweg (Nr. 12) südwärts hinauf in den Wald. Hier auf Karrenweg in Südostrichtung zur idyllisch gelegenen Theklakapelle, 10 Min. Gleich danach über den

Mondsee und Attersee mit Hochplettspitze und Höllengebirge vom Almkogel.

Klausbach zu einer Verzweigung. Rechtshaltend neben dem Bach kurz nach Süden aufwärts zu neuerlicher Teilung. Links (Weg Nr. 12) über steile, felsdurchsetzte Waldhänge (Vorsicht!) in zahlreichen engen Kehren nach Südosten empor an eine Bergrippe und jenseits in eine Rinne. Rechts von ihr steil und mühsam in Südrichtung aufwärts, oberhalb der Rinne schräg nach links hinauf zum Almkogel-Sattel; Wegteilung. Nach links (Norden) aus dem Wald und hinauf zum Felsgipfel des Almkogels (1030 m; Gipfelkreuz, Buch).

Abstieg auf gleicher Route.

21 Kolomannsberg, 1114 m

Nordwestlicher Randposten des Salzkammergutes

Mondsee – Gasthof Leidinger – Schernthan – Kolomannskapelle

Talort: Mondsee, 493 m. Markt am Nordende des Mondsees.
Ausgangspunkt: Marktplatz.
Parkmöglichkeit: Im Zentrum von Mondsee-Markt.
Gehzeiten: Mondsee – Kolomannskapelle 2 – 2½ Std., retour 1¾ Std.; Gesamtzeit 3½ – 4 Std.
Anforderungen: Bequeme Wanderung auf gut bez. Wegen.
Höchster Punkt: Kolomannskapelle, 1098 m.
Einkehrmöglichkeit: Ghf. Leidinger (20 B., ganzj. geöffnet).
Sehenswertes: Von der Wiesenschulter Schernthan überwältigende Schau auf Salzkammergutberge mit Dachstein, Tennengebirge, Hochkönig, Hohem Göll, Watzmann, Untersberg und Hochstaufen darüber.
Hinweis: Auffahrt mit eigenem Kfz zum Ghf. Leidinger möglich, 3 km von Mondsee-Markt. Gesamte Zeitersparnis 1¼ Std.

Als einer der wichtigsten strategischen Punkte nördlich der Alpen ist der eigentliche Gipfel des Kolomannsberges militärisches Sperrgebiet. Seine überragende Höhe, die nach Nordwesten vorgeschobene Position mit weiten, nur wenig geneigten Flanken, gibt diesem Solitär die nötige Distanz zu den umliegenden Erhebungen. Trotz starker Bewaldung und fehlender Gipfelschau ist eine Besteigung des Berges unterhaltsam und lohnend. Der problemlose Zugang von Mondsee über den Südostrücken zur Kapelle

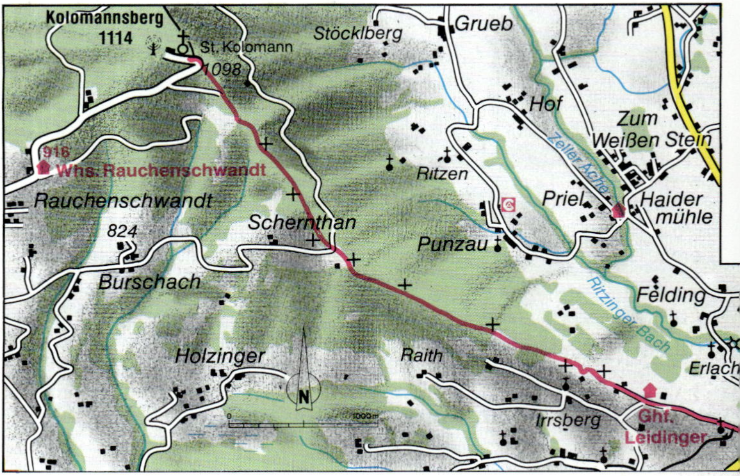

Blick vom Gasthof Leidinger nach Südosten auf Mondsee und Schafberg.

St. Kolomann – letzte noch vollständig erhaltene Holzkirche Österreichs (17. Jh.) – läßt von den berührten Wiesen und baumfreien Gebieten wunderbare Ausblicke auf die vielgestaltige Bergwelt des Salzkammergutes und der Berchtesgadener Alpen zu.

Von Mondsee-Markt zur Kolomannskapelle: Vom Marktplatz die Rainerstraße westwärts zur Umfahrungsstraße und diese kurz nach rechts zur Aral-Tankstelle. Gegenüber die Viktor-Kaplan-Straße zu den Häusern von Gaisberg empor, dann in Westrichtung, unter der Autobahn durch, über Wiesen hinauf zum Ghf. Leidinger (ca. 610 m), 3/4 Std. Noch 100 m weiter zu einem Gehöft, dann auf Weg Nr. 8 den Südostrücken des Kolomannsberges vorerst über Wiesen, später durch Wald aufwärts zur baumfreien Schulter Schernthan (ca. 900 m), 1 3/4 Std. Am bewaldeten Rücken weiter aufwärts, zuletzt vom breiten Weg rechts ab und geradeaus über den Gipfelkamm steil hinauf zu Asphaltstraße. Auf dieser gelangen Sie beqeum zur Kapelle St. Kolomann, 1098 m.

Abstieg auf gleichem Weg.

22 Kulmspitze, 1095 m

Auf den Hausberg der Mondseer

Mondsee – Radstatt – Kulmspitze – Stabau – Mondsee

Talort: Mondsee, 493 m. Markt am Nordende des Mondsees.
Ausgangspunkt: Marktplatz im Ortszentrum von Mondsee.
Parkmöglichkeit: Im Zentrum von Mondsee-Markt.
Gehzeiten: Mondsee – Radstatt 1½ – 2 Std., Radstatt – Kulmspitze 1 Std., Kulmspitze – Stabau – Mondsee 1½ – 2 Std.; Gesamtzeit 4 – 5 Std.
Anforderungen: Einfache, aber lange Wanderung auf Straßen oder bez. Wegen.
Höchster Punkt: Kulmspitze, 1095 m.
Einkehrmöglichkeit: Ghf. Schafbergblick (10 B., ganzj. offen).
Sehenswertes: Von der „Stabauhöhe" wunderbarer Überblick über das gesamte Mondseegebiet.
Hinweis: Auffahrtsmöglichkeit mit eigenem Kfz zu den Häusern Seegruber (3 km). Zeitersparnis 1½ Std.

Wie die Besteigung des Kolomannsberges (Tour 21), so bringt auch jene der Kulmspitze keine Gipfelaussicht. Zudem verspricht hier die Nähe der vielbefahrenen Autobahn Wien – Salzburg nur getrübte Gehfreuden. Doch dieser Berg wartet mit Überraschungen auf! Hat man nämlich über Zufahrtsstraßen den Wegbeginn bei den Häusern Seegruber erreicht, befindet man sich auch schon mitten im schönsten Wandergebiet. Wie befreiend, wenn einem nach Besteigung der Kulmspitze, nach Stunden beschaulicher Waldeinsamkeit, an der „Stabauhöhe" plötzlich die ganze Mondsee-Landschaft wie ein aufgeschlagenes Buch zu Füßen liegt!

Von Mondsee-Markt zum Radstatt-Sattel: Vom Marktplatz 300 m durch die Herzog-Odilo-Straße zur Rechtsabzweigung der Straße nach Haslau. Auf ihr unter der Autobahn durch, dann nach Südosten aufwärts zu Linkskehre. Hier die Stabauer Straße geradeaus weiter zu den Häusern Seegruber. Kurz danach links ab und auf Weg Nr. 5 durch Wald steil nach Nordosten empor zum Radstatt-Sattel (992 m, Marienkapelle).

Vom Radstatt-Sattel zur Kulmspitze: Auf Weg Nr. 4 den großteils bewaldeten Höhenrücken („Radstattrücken") über zwei Aussichtspunkte (P. 1032 und P. 1065) hinweg nach Südosten zu einer Verzweigung am Sattel vor der Kulmspitze. Hier auf Weg Nr. 1 geradeaus, ostwärts, steil hinauf zum höchsten Punkt (1095 m) mit Bänken und Gipfelbuch. Keine Rundschau!
Abstieg von der Kulmspitze nach Mondsee: Hinab zum Sattel im Westen des Gipfels und dort den Weg Nr. 1 durch Wald steil nach links (Westen) hinab zu den Wiesen von Oberstabau („Stabauhöhe", 940 m). Am Waldrand in Westrichtung abwärts, dann quer über die Wiesen zur Stabauer Straße. Diese hinunter zum Ghf. Schafbergblick (743 m) in Unterstabau. Die Straße nun in Westrichtung durch Wald und Wiesen, am Hof Breitenthaler vorbei, zu den Häusern Seegruber und abwärts nach Mondsee.

Tiefblick von der Stabauhöhe nach Süden zum Mondsee. In der Ferne Zwölferhorn und Postalmgebiet.

23 Buchberg, 808 m

Der Attersee aus der Vogelperspektive

Ort Attersee – Buchberg

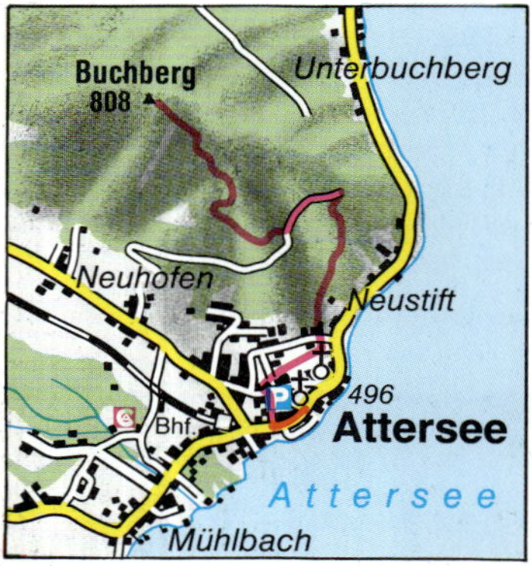

Talort: Attersee, 496 m. Badeort am nördlichen Westufer des Attersees.
Ausgangspunkt: Ortszentrum (Uferstraße) von Attersee.
Parkmöglichkeit: Im Ortsgebiet von Attersee.
Gehzeiten: Attersee – Buchberg 1 – 1¼ Std., retour ¾ Std.; Gesamtzeit 1¾ – 2 Stunden.
Anforderungen: Kurze Bergtour. Gut bez., teilweise steile Wege.
Höchster Punkt: Buchberg, 808 m.
Einkehrmöglichkeit: Keine.
Sehenswertes: Anfangs Ausblicke zur malerisch gelegenen Pfarrkirche „Maria Attersee“, von weiter oben beeindruckender Tiefblick auf die weite Fläche des Sees mit Bergumrahmung.

Der Buchberg, ein Inselberg am nördlichen Westufer des Attersees, konnte sich als Wanderziel bisher kein rechtes Ansehen verschaffen. Diesem Waldhügel fehlt nämlich jede Gipfelschau, zudem ist der steile Anstieg nichts für bequeme Spaziergänger. Doch ergeben sich unterwegs, von Lichtungen und Kahlschlägen, Ausblicke, die in der Tat einzigartig sind. Da hat man zunächst die auf einem Grashügel postierte Pfarrkirche „Maria Attersee“ vor Augen, später genießt man atemberaubende Tiefblicke auf die weite Oberfläche des Attersees mit unzähligen Segelbooten an Schönwettertagen.

Von Ort Attersee auf den Buchberg: Gegenüber dem Café Ingrid von der Uferstraße ab und auf Promenadenweg nordwärts hinauf zu einer Anhöhe mit querender Straße (führt nach rechts zur Pfarrkirche). Jenseits durch die Nordseite des Kirchenhügels nach rechts abwärts zu einem Parkplatz nahe der Attersee-Westuferstraße, 15 Min. Auf Sträßchen, an Häusern vorbei, nach Norden gegen den Buchberg hinauf in den Wald und dort zu einer Verzweigung. Geradeaus auf rot-blau-weiß bez. Weg aufwärts zu querender Forststraße und diese 100 m nach links zur Rechtsabzweigung des Buchberg-Weges. Auf ihm zunächst in Südwestrichtung sanft aufwärts, dann teilweise über Kahlschläge steil nach rechts (Nordwesten) empor. Nun den Gipfelrücken bei abnehmender Steilheit hinauf zum bewaldeten höchsten Punkt des Buchberges (808 m, Unterstandshütte „Jägerstüberl“). **Abstieg** auf gleichem Weg.

Im Anstieg zum Buchberg mit Blick nach Südosten auf die Kirche Maria Attersee und das Höllengebirge.

noos, 1015 m

en über Nußdorf am Attersee

Gasthof Dachsteinblick – Roßmoos-Rundwanderweg – Gasthof Dachsteinblick – Nußdorf

Talort: Nußdorf, 500 m. Beliebter Urlaubsort am Westufer des Attersees.
Ausgangspunkt: Der Ghf. Brauhof im Ortszentrum von Nußdorf.
Parkmöglichkeit: Im Ortsbereich.
Gehzeiten: Nußdorf – Ghf. Dachsteinblick 1 Std., Roßmoos-Rundwanderung 1½ – 1¾ Std., Abstieg Ghf. Dachsteinblick – Nußdorf ½ – ¾ Std.; Gesamtzeit 3 – 3½ Std.
Anforderungen: Einfache Wanderung auf Forststraßen oder guten Wegen.
Höchster Punkt: Roßmoos, 1015 m.
Einkehrmöglichkeit: Ghf. Dachsteinblick (11 B., ganzj. geöffnet).
Sehenswertes: Die herrliche Rundsicht vom Ghf. Dachsteinblick.
Hinweis: Bei Auffahrt mit eigenem Kfz zum Ghf. Dachsteinblick (4 km von Nußdorf) 1½ – 1¾ Std. Zeitersparnis.

Liebt man beschwernisfreie Gipfelbesteigungen, problemloses Wandern auf guten Waldwegen oder Forststraßen, dann sollte man das Roßmoos versuchen. Dieser bewaldete Gipfel überm Westufer des Attersees wird häufig von Nußdorf aus bestiegen, gewährt jedoch selbst keine Rundsicht. Als Ersatz dafür genießt man aber bereits unterwegs, etwa vom Ghf. Dachsteinblick, eindrucksvolle Tiefblicke zu den dunkelblauen Fluten des Attersees, in denen sich Höllengebirge, Leonsberg (dahinter der Dachstein) und Schafberg spiegeln.
Von Nußdorf zum Ghf. Dachsteinblick: Die Straße nach Wienerroith westwärts zur Linksabzweigung des Weges zum Ghf. Dachsteinblick. Diesen

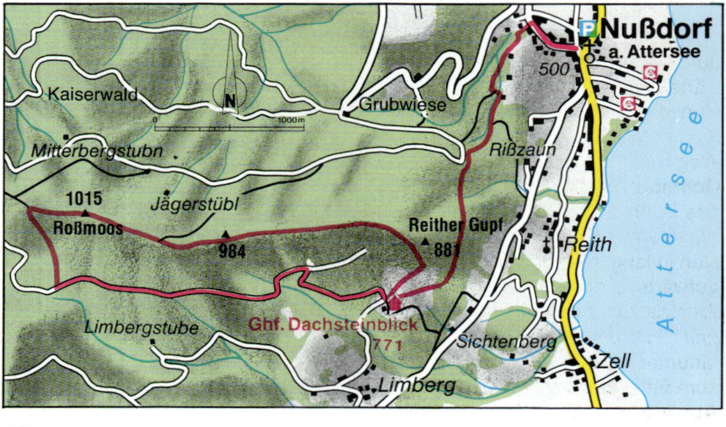

Gasthof Dachsteinblick mit Attersee, Bramhosen und Höllengebirge von Nordwesten.

durch Wald nach Süden empor zu einer Teilung. Rechtshaltend weiter aufwärts und nach Traversierung einer Forststraße zu einem Aussichtspunkt. Nun die steilen bewaldeten Osthänge des Reither Gupfs zu aussichtsreicher Wiesenschulter südlich des Berges queren, zuletzt auf begrüntem Weg nach Südwesten abwärts zum Ghf. Dachsteinblick, 771 m.

Roßmoos-Rundwanderung: Auf dem bez. Rundwanderweg die Südhänge des Reither Gupfs über Wiesen steil nach Nordosten empor, dann in den Wald und dort linkshaltend in Windungen hinauf zum Roßmoos-Kamm. Nun in langer Wanderung am bewaldeten Höhenrücken nach Westen sanft aufwärts zum Gipfel des Roßmoos (1015 m, Tafel). Geradeaus über den Westrücken des Berges abwärts zur Linksabzweigung des Rundwanderweges (7 Min. vom Gipfel). Auf ihm die bewaldeten Südhänge des Roßmoos hinunter zu querender Forststraße und diese nach links (Osten) abwärts zum Ghf. Dachsteinblick.

Abstieg vom Ghf. Dachsteinblick nach Nußdorf auf bekanntem Weg.

25 Attersee-Westwanderweg

Pan-Erwachen in den Vorbergen des Salzkammergutes.

Nußdorf – Egelsee – Druckerhof – Unterach – mit Bus oder Schiff zurück

Talort: Nußdorf, 500 m, und Unterach, 477 m, beides beliebte Urlaubs- und Badeorte am Westufer des Attersees.
Ausgangspunkt, Parkmöglichkeit: Ortszentrum von Nußdorf (Ghf. Brauhof).
Gehzeiten: Nußdorf – Egelsee 2 – 2½ Std., Egelsee – Unterach 1 Std.; Gesamtzeit 3 – 3½ Std.
Anforderungen: Lange Wanderung auf gut bez. Wegen. Im Hochsommer heiß!
Höchster Punkt: Ghf. Druckerhof, 653 m.
Einkehrmöglichkeit: Ghf. Druckerhof (20 B., ganzj. offen).
Sehenswertes: Der kleine Egelsee, ein Moorsee mit Bademöglichkeit. Der gegenüber dem Höllengebirge aussichtsreich gelegene Ghf. Druckerhof.

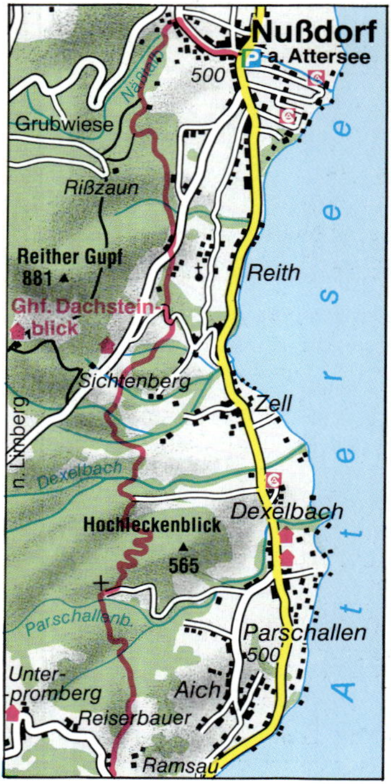

Am Attersee-Westwanderweg. Blühende Wiesen beim Hof Holzberg nahe dem Egelsee.

Von Nußdorf zum Egelsee: Die Straße nach Wienerroith westwärts zur Linksabzweigung des Weges zum Ghf. Dachsteinblick. Diesen durch Wald nach Süden empor zu einer Teilung. Links, an bewaldeten Hängen entlang, weiter, später über Wiesen zur Straße Nußdorf – Limberg. Diese 200 m nach rechts, dann auf Weg eben nach links (Süden), zuletzt abwärts zum Dexelbach. Südwärts zu einer Anhöhe empor, sodann im Auf und Ab zum wilden Parschallenbach und zu den Wiesen und Höfen von Promberg. Nun eine Asphaltstraße 50 m nach links, dann auf Weg rechts ab zum Waldrand und dort südwärts weiter, später den Graben des Urfangbaches traversierend zum Gehöft Modlinger (schöne Kapelle!). Eine Asphaltstraße nach Süden abwärts, dann auf Straße nach rechts (Westen) zum Hof Hausmann und weiter zu Wiese. Über sie (Weg) nach links zum Egelsee, 624 m.
Vom Egelsee nach Unterach: Vom Südufer des Sees nach Osten über einen Wiesensattel zum Hof Holzberg. Auf Fahrweg über Wiesen nach rechts (Südwesten) aufwärts zu einer Teilung. Jetzt links weiter zu dem am Ostabhang der Hochplettspitze, hoch überm Attersee gelegenen Ghf. Druckerhof, 653 m. Nach Süden abwärts in den Wald und dort auf Fahrweg zu den Kohlbauer Wiesen. Quer über diese, später auf Asphaltstraße hinunter zur Attersee-Westuferstraße. Noch vor der Unterführung rechts ab und nach Süden über eine Wiese wieder zur Uferstraße. Diese 150 m nach rechts, dann links ab und auf dem Hugo-Wolf-Weg nach Unterach, 477 m.
Rückfahrt mit Bus oder Schiff (im Hochsommer mehrmals täglich).

26 Hochplettspitze, 1134 m

Lohnender Wander- und Aussichtsberg bei Unterach

Unterach – Hochplettspitze

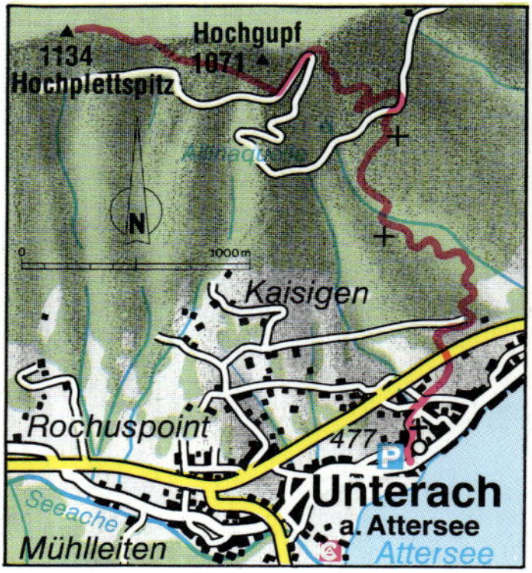

Talort: Unterach, 477 m. Urlaubsort am südlichen Westufer des Attersees.
Ausgangspunkt: Ortszentrum von Unterach.
Parkmöglichkeit: Im Ortsgebiet von Unterach.
Gehzeiten: Unterach – Hochplettspitze $1\frac{3}{4}$ – 2 Std., retour 1 – $1\frac{1}{4}$ Std.; Gesamtzeit $2\frac{3}{4}$ – $3\frac{1}{4}$ Std.
Anforderungen: Unschwierige Bergtour auf Forststraßen oder bez. Wegen.
Höchster Punkt: Hochplettspitze, 1134 m.
Einkehrmöglichkeit: Keine.
Sehenswertes: Von der Hochplettspitze herrliche Schau auf Attersee, Höllengebirge, Gamsfeldgruppe, Dachstein, Schafberg, Drachenwand, Schober und Berchtesgadener Alpen.

Die Gegend um Unterach ist bekannt wegen ihres milden und ausgeglichenen Klimas. Ein nahe dem Ort gelegener Edelkastanienwald gibt Zeugnis davon! So ist es nicht verwunderlich, daß auch prominente Persönlichkeiten wie Johannes Brahms, Hugo Wolf, Gustav Klimt und Maria Jeritza diesen prächtig gelegenen Bade- und Erholungsort zu ihrem Sommersitz wählten. Der Hausberg von Unterach, die bewaldete Hochplettspitze, wird über gute Wanderwege häufig bestiegen. Eine empfehlenswerte Bergtour, die auch von landschaftlicher Seite her befriedigt.
Von Unterach auf die Hochplettspitze: Eine Asphaltstraße, an der Pfarrkirche vorbei, nach Norden aufwärts, später auf Weg rechts ab und eben am Wiesenrand entlang, schließlich hinauf zur Umfahrungsstraße, die traversiert wird. Jenseits auf Karrenweg nach rechts in den Wald zu einer Verzweigung. Geradeaus, nordwärts, auf Weg Nr. 2 zur nächsten Teilung, dort linkshaltend weiter zu einer dritten Verzweigung. Rechts, nordwärts, einige Kehren durch Hochwald empor zu aussichtsreicher Wiesenschulter mit dem „Jubiläumsbaum“ (Tisch, Bänke; Blick auf Höllengebirge und Attersee). In Kehren durch Wald nach Nordwesten hinauf zu einer Verflachung (Bildstock) und nun steiler empor zu querender Forststraße. Diese 30 m nach rechts, dann links ab und auf Weg Nr. 2 in Windungen durch Gesträuch und lichten Wald gegen den Hochgupf hinan wieder zur Straße. Auf ihr, an einer Unterstandshütte vorbei, weiter aufwärts, später nach links

Unterach am Attersee mit dem Höllengebirge von Westen.

in die Südseite des Hochgupf. Hier zweigt Weg Nr. 2 rechts ab. Ihm folgen wir westwärts zum Waldsattel zwischen Großem Hollerberg und Hochplettspitze. Nun über den bewaldeten Gipfelkamm nach Westen empor zum höchsten Punkt der Hochplettspitze (1134 m; Tisch, Bänke).
Abstieg auf gleicher Route.

27 Burggrabenklamm und Schwarzensee

Das Tor zum Paradies

Burgbachau (Gasthof Jagerwirt) – Burggrabenklamm – Wiesensattel „Im Moos“ – Schwarzensee

Talort: Burgau, 472 m. Kleiner Ort am Südufer des Attersees.
Ausgangspunkt: Ghf. Jagerwirt, 479 m, in Burgbachau, 2 km westlich von Burgau, an der Attersee-Süduferstraße.
Gehzeiten: Burgbachau (Ghf. Jagerwirt) - Schwarzensee 2 Std, retour 1½ Std.; Gesamtzeit 3½ Std.
Anforderungen: Unschwierige Wanderung. Im Bereich der Burggrabenklamm (Absturzgefahr!) sind Trittsicherheit und Schwindelfreiheit nötig.
Höchster Punkt: Wiesensattel „Im Moos“, 772 m
Einkehrmöglichkeiten: Ghf. Jagerwirt (im Sommer offen, keine Nächtigung!), Fischerhütte, Ghf. „Zur Lore“ (beide von Ostern bis 31. Oktober offen, keine Nächtigung!), Alm-Stadl (im Sommer offen, keine Nächtigung!).
Sehenswertes: Die großartige Burggrabenklamm. Die im Frühsommer blumenreichen Wiesen der Moorhochfläche „Im Moos“.
Hinweis: Bei der Madonnenstatue „Maria Klamm“ zweigt links der Steig in den vorderen Teil der Burggrabenklamm (18 m hoher Wasserfall!) ab.

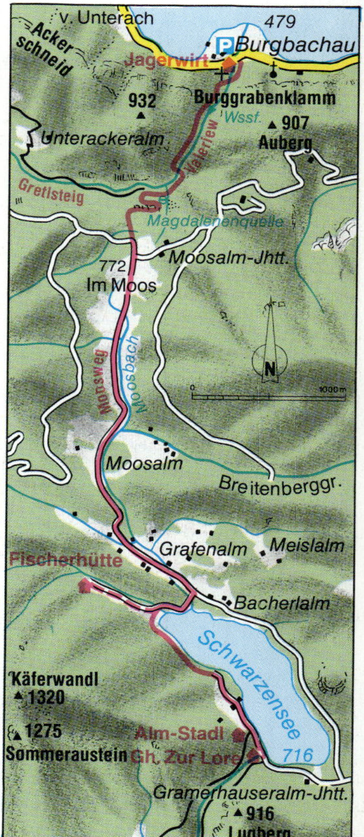

Die Burggrabenklamm am Südende des Attersees ist die wohl populärste Schlucht des Salzkammergutes. Von den vielen Besuchern geben sich die meisten mit einer Wanderung in den vorderen Klammabschnitt zufrieden. Ungleich lohnender ist jedoch der Anstieg durch den von lotrechten Wänden flankierten Spalt hinauf zur sonnendurchfluteten Wiesenhochfläche „Im Moos“ und weiter zum Schwarzensee. An seinen Ufern trifft man meist auch Urlaubsgäste aus St. Wolfgang oder Strobl (siehe Tour 14!). Mit ihnen

In der Burggrabenklamm.

wird man sich vielleicht darüber klar, daß es kaum etwas Schöneres gibt, als dieses Ausflugswandern im herrlichen Salzkammergut.

Von Burgbachau (Ghf. Jagerwirt) zum Schwarzensee: Auf breitem Weg durch Wald nach Süden zum Eingang in die Burggrabenklamm mit der Madonnenstatue „Maria Klamm" rechts. Den „Erzherzogin-Valerie-Weg" geradeaus einen felsig-bewaldeten Steilhang in Kehren aufwärts, später an der rechten Begrenzungsflanke der Klamm auf exponiertem, aus dem Fels gesprengtem Steig (Vorsicht!) nach Süden hinauf in den oberen, flachen Schluchtabschnitt. Bald nach links über den Klausbach (Brücke) und südwärts weiter zur Magdalenenquelle (Unterstandshütte) im Talknie. In Windungen nach Westen aufwärts zu bewaldeter Schulter mit Wegteilung, 1 Std. Links auf dem „Moosweg" eine steile Waldflanke in Kehren nach Süden empor zu einem Rastplatz (Attersee-Blick!) und weiter zum Wiesensattel „Im Moos", 772 m. Nun auf Forststraße (Weg Nr. 28) über Moor- und Wiesenflächen nach Süden, dann neben dem Moosbach sanft abwärts und über die Wiesen der Ascher Alm zu einer Verzweigung. Nach rechts zum Schwarzensee (716 m), am Westufer entlang (Rechtsabzweigung eines Fahrweges zur Fischerhütte, 10 Min.) zum Südende mit Alm-Stadl und Ghf. Lore.

Rückkehr auf gleicher Route.

Eisenauer Alm, 1015 m

…n Garten Eden unterm Schafberg

Burgbachau (Gasthof Jagerwirt) – Burggrabenklamm – Ackergraben – Eisenauer Alm – Wiesensattel „Im Moos“ – Burgbachau

Talort: Burgau, 472 m. Kleiner Ort am Südufer des Attersees.
Ausgangspunkt: Ghf. Jagerwirt, 479 m, in Burgbachau, 2 km westlich von Burgau, an der Attersee-Süduferstraße.
Parkmöglichkeit: Bei Ghf. Jagerwirt.
Gehzeiten: Burgbachau (Ghf. Jagerwirt) – Eisenauer Alm 2¼ Std., Abstieg Eisenauer Alm – Sattel „Im Moos“ – Burgbachau 1¾ Std.; Gesamtzeit 4 Std.
Anforderungen: Unschwierige Wanderung. Im Bereich der Burggrabenklamm (Absturzgefahr!) sind Trittsicherheit und Schwindelfreiheit nötig.
Höchster Punkt: Buchberghütte auf der Eisenauer Alm, 1015 m.
Einkehrmöglichkeiten: Ghf. Jagerwirt (im Sommer offen, keine Nächtigung!), Buchberghütte (von Pfingsten bis 26. Oktober offen, keine Nächtigung!).
Sehenswertes: Die großartige Burggrabenklamm sowie die lieblichen Almweiden bei der Eisenauer Alm (Schafbergblick!).

Aus den Tälern bleibt einem die Schönheit dieser Almidylle freilich verborgen, hingegen überblickt man vom Schafberg die weite Eisenauer Wiesenterrasse zur Gänze. Am Fuß der Schafberg-Nordwände und gleichzeitig 500 Höhenmeter über dem Attersee gelegen, ist die Alm vom Frühsommer bis zum Herbst ein beliebtes Ausflugsziel für Wanderer jeden Alters. Sie kommen vom Attersee oder Mondsee hierher und besonders Ausdauernde gönnen sich sogar als „Draufgabe“ die Besteigung des Schafberges. Der nachstehend beschriebene Anstieg durch die Burggrabenklamm zur Eisenauer Alm ist der abwechslungsreichste und bequemste zugleich. Daß zu guter Letzt eine Gaststätte auf „geschwächte“ Wanderer wartet, soll nicht verschwiegen werden.

Von Burgbachau (Ghf. Jagerwirt) zur Eisenauer Alm: Wie bei Tour 27

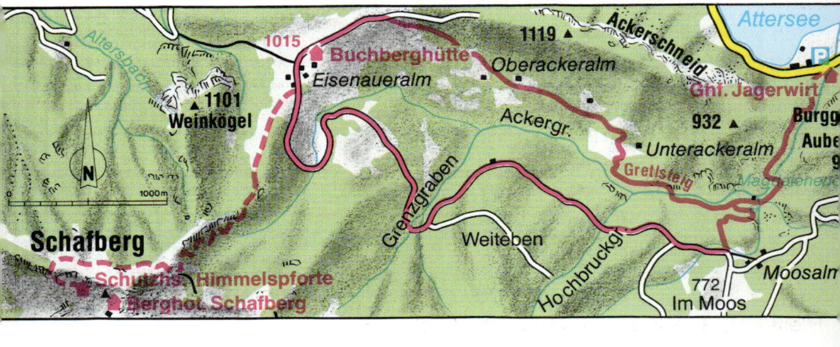

Eisenauer Alm (Buchberghütte) und Schafberg.

durch die Burggrabenklamm zur „bewaldeten Schulter mit Wegteilung", 1 Std. Rechts ab und auf dem „Gretlsteig" (Weg Nr. 26) an der linken Seite des klammartigen Ackergrabens nach Westen auf und ab, später an die rechte Talseite und dort durch Wald in Westrichtung weiter, schließlich nach rechts (Norden) empor zur Unterackeralm, ca. 800 m. An den Südhängen der Ackerschneid durch Wald und über Wiesen nach Nordwesten zur Oberackeralm (ca. 950 m) und weiter hinauf zur Eisenauer Alm. Hier auf Naturstraße über flache Almweiden nach Südwesten zur Buchberghütte, 1015 m.

Rückweg über den Wiesensattel „Im Moos": Die Straße 100 m nach Südwesten zum Eisenauer Sattel. Hier links und auf Forststraße an den bewaldeten Nordhängen des Schafberges in langer Wanderung nach Osten abwärts zum Moosweg (Nr. 28), der nach rechts zum Wiesensattel „Im Moos" führt. Wir aber folgen dem Weg nach links (Norden) in Kehren gegen die Burggrabenklamm hinunter zur „bewaldeten Schulter mit Wegteilung". Weiter auf bekannter Route nach Burgbachau.

29 Schoberstein, 1037 m

Luginsland über dem südlichen Attersee

Weißenbach – Schoberstein

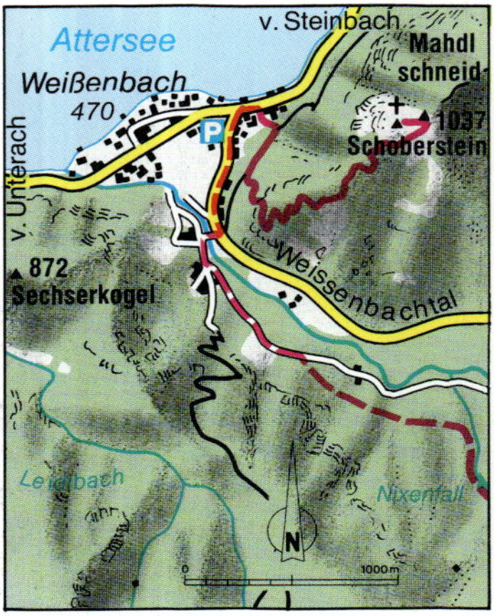

Talort: Steinbach, 509 m. Sommerfrische am Attersee-Ostufer.
Ausgangspunkt: Weißenbach, 470 m. Am Südufer des Attersees gelegener, zu Steinbach gehörender Ort; 4 km von Steinbach.
Parkmöglichkeit: Im Ortsbereich von Weißenbach, nahe dem Hotel Post.
Gehzeiten: Weißenbach – Schoberstein 1½ – 1¾ Std., retour 1 Std.; Gesamtzeit 2½ – 2¾ Std.
Anforderungen: Unschwierige Wanderung auf gut bez. Steiganlage. Trittsicherheit und Schwindelfreiheit jedoch erforderlich!
Höchster Punkt: Schoberstein, 1037 m.
Einkehrmöglichkeit: Keine.
Sehenswertes: Der 40 m hohe Nixenfall im unteren Weißenbachtal. Von Weißenbach auf Weg Nr. 10 problemlos zu erreichen. Gesamter Zeitaufwand (hin und retour) 1½ Std.

Den Schafberg ausgenommen, kenne ich im Umkreis des Attersees keine auch dem Wanderer zugängliche prächtigere Aussichtswarte als den Schoberstein. Dabei handelt es sich nur um einen unbedeutenden Felskopf am Westabfall des Höllengebirges. Er kann von dem am Südufer des Attersees gelegenen Ort Weißenbach auf gutem Serpentinensteig über steile Waldflanken erreicht werden, wobei allerdings im felsigen Gipfelbereich Vorsicht am Platze ist. Zahlreiche, auf luftigen Absätzen postierte Tisch- und Sitzgarnituren säumen den Weg. Die heraufgrüßende Wasserfläche des Attersees, der Schafberg und die im Westen über dem Mondsee steil aufragende Drachenwand sind „Highlights“ der Rundsicht vom Schoberstein.
Von Weißenbach auf den Schoberstein: Beginn des Weges Nr. 820 gleich neben dem Hotel Post in Weißenbach. Kurz über eine Betonstiege aufwärts, dann durch Wald nach links (Osten) zu Wegteilung. Am Bergfuß des Schobersteins entlang nach rechts (Süden) zu neuerlicher Verzweigung. Nun links den steilen bewaldeten Südwestrücken des Berges in zahlreichen Kehren empor zu markanter Schulter. Kurz abwärts, dann hinauf unter den baumfreien, felsigen Gipfelaufbau. Nach rechts in seine Südseite, dort an den Hängen entlang über Geröll und plattige Felsen (Drahtseile)

Schafberg und Attersee vom Gipfel des Schobersteins.

aufwärts, später im lichten Baumbestand mehr nach links empor zur Scharte hinter dem Schoberstein (Weg Nr. 820 führt geradeaus weiter). Scharf nach links und nochmals die felsige Südseite des Gipfelaufbaues queren, zuletzt über Schrofen steil nach rechts (Norden) empor zum höchsten Punkt des Schobersteins (1037 m; Gipfelkreuz, Buch).
Abstieg auf gleichem Weg.

30 Bramhosen, 960 m

Auf einen bescheidenen Waldgipfel im Norden des Höllengebirges

Seefeld – Gasthof Kienklause – Bramhosen – Blümigen – Unterroith – Seefeld

Talort: Steinbach, 509 m, Sommerfrische am Attersee-Ostufer.
Ausgangspunkt: Seefeld, 480 m. Zu Steinbach gehörender, 1 km nördlich von ihm gelegener Ort.
Parkmöglichkeit: Im Ortsbereich von Seefeld.
Gehzeiten: Seefeld – Ghf. Kienklause – Bramhosen 1³/₄ – 2 Std., Abstieg Bramhosen – Blümigen – Seefeld 1¹/₄ Std.; Gesamtzeit 3 – 3¹/₄ Std.
Anforderungen: Einfache Bergwanderung auf guten Wegen oder für Kfz-Verkehr gesperrten Straßen.
Höchster Punkt: Bramhosen, 960 m.
Einkehrmöglichkeit: Ghf. Kienklause (35 B., ganzj. geöffnet).
Sehenswertes: Mehrfach prächtige Ausblicke auf Höllengebirge, Schafberg und Attersee.

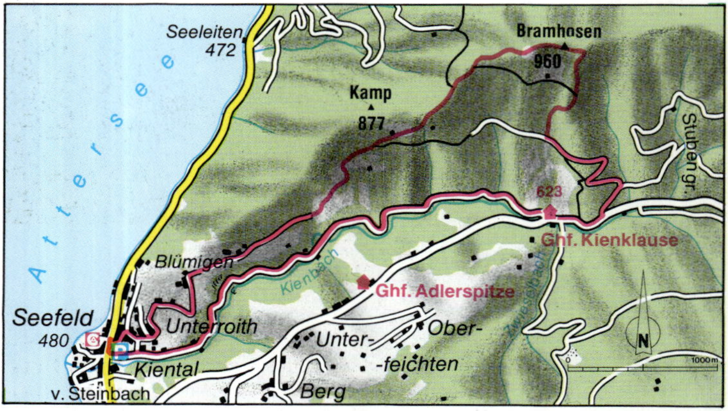

In schnurgerader Linie und in über 1000 m hohen Steilflanken stürzen die Kalkmassive Schober, Drachenwand, Schafberg und Höllengebirge gegen die großteils bewaldeten Sandstein-Voralpen nieder. Durch eine klare Längsfurche getrennt ragen unmittelbar nördlich dieser Linie die höchsten dieser Flyschberge auf: Kolomannsberg, Kulmspitze, Hochplettspitze, Bramhosen, Hoher Krahberg und Richtberg. Einer der stillsten von ihnen, der Bramhosen, hat in den letzten Jahren durch Bewaldung seine zweifellos vorhandenen Qualitäten als Aussichtsberg etwas eingebüßt. Er kann von dem zu Steinbach am Attersee gehörenden Badeort Seefeld ohne irgendwelche Schwierigkeiten bestiegen werden.

Die Nordabstürze des Höllengebirges vom Anstieg zum Bramhosen.

Von Seefeld zum Ghf. Kienklause und auf den Bramhosen: Auf Straße durch den Kienbachgraben nach Nordosten sanft aufwärts zum Ghf. Kienklause (623 m) an der Verbindungsstraße Steinbach – Altmünster, 1 Std. Auf ihr in Richtung Altmünster nach 10 Min. zur Linksabzweigung einer Forststraße. Diese (Weg Nr. 1) nach Norden hinauf zu einer Verzweigung. Linkshaltend durch Wald in Kehren weiter aufwärts, dann auf Weg Nr. 1 rechts ab und vorerst ostwärts, dann nordwärts empor zum höchsten Punkt des Bramhosen (960 m; Bank, Tafeln).
Abstieg über Blümigen und Unterroith nach Seefeld: Auf breitem Waldweg (Weg Nr. 1) den bewaldeten Südwestrücken des Berges hinunter, später in der linken Seite (Südseite) des Kammes auf Fahrweg zu aussichtsreichen Wiesen. An den Südhängen des Kamp entlang weiter abwärts, zuletzt eben zu den Häusern von Blümigen. Nun auf Straße durch Wiesen und Obstgärten in Windungen und Kehren nach Südwesten hinab nach Unterroith und weiter nach Seefeld.

31 Rund um den Wachtberg

Waldeinsamkeit nahe dem vielbesuchten Badeort Weyregg

Weyregg – Reichholz – Miesenbachgraben – Alexenau – Dr.-Gleißner-Weg – Weyregg

Talort: Weyregg, 482 m, Sommerfrische und Badeort am Attersee-Ostufer.
Ausgangspunkt, Parkmöglichkeit: Ortszentrum von Weyregg.
Gehzeiten: Weyregg – Miesenbachgraben – Alexenau 1½ Std., Alexenau – Dr.-Gleißner-Weg – Weyregg 1 Std.; Gesamtzeit 2½ Std.
Anforderungen: Einfache Rundwanderung auf gut bez. Wegen.
Höchster Punkt: Waldsattel zwischen Wachtberg und Gupf, 677 m.
Einkehrmöglichkeit: Ghf. Bramhosen (65 B., ganzj. offen) in Alexenau.
Sehenswertes: Vom Dr.-Gleißner-Weg wunderschöne Ausblicke auf Attersee und Schafberg.

Bild rechts: Am Wachtberg. Blick nach Norden zum Gasthof Wachtberg, dahinter der Gahberg (Tour 32).

Für Gäste, die im Badeort Weyregg ihren Urlaub verbringen, ist die Besteigung des Wachtberges natürlich obligatorisch: Über eine Straße erreicht man den Ghf. Wachtberg, dann folgt man der Trasse eines Schlepplifts zum aussichtsreichen Gipfel, 823 m. Aber nicht von dieser doch recht bescheidenen Bergfahrt soll hier die Rede sein, als vielmehr von einer Begehung jenes schönen und abwechslungsreichen Promenadenweges, der von Weyregg aus um den Wachtberg herumführt und zuletzt herrliche Ausblicke auf Attersee und Schafberg gewährt.

Die Wanderung um den Wachtberg: Von Weyregg auf Asphaltstraße in Südostrichtung aus dem Ort, dann über Wiesen in Windungen gegen den Wachtberg hinauf zu den Häusern von Reichholz (ca. 560 m), 15 Min. Beim Gästehaus Hubertus links ab und auf Fahrweg („Auweg") durch die bewaldete Ostflanke des Berges zu den gemuldeten Wiesen von Bruckbach mit querender Asphaltstraße. Auf ihr, an Häusern vorbei, in Kehren nach Sü-

den aufwärts in den Miesenbachgraben und dort die Tiefgrub-Forststraße in Südrichtung weiter zum Waldsattel (677 m) zwischen Wachtberg rechts und Gupf links. Bald danach von der Straße rechts ab und auf Karrenweg an der rechten Seite des bewaldeten Alexenauer Grabens westwärts hinunter zu den Häusern von Alexenau, ca. 480 m. Nun auf Fahrweg („Dr.-Gleißner-Weg") über den Ufern des Attersees, am Westabhang des Wachtberges entlang, durch Wälder und Wiesen nach Norden zum Gehöft Steinwand, später auf asphaltiertem Sträßchen durch Obstgärten, Wiesen und Felder weiter nach Weyregg.

32 Häfelberg-Gahberg-Überschreitung

Anspruchslose Wanderung mit prächtigem Alpenblick

Schörfling / Kammer – Häfelberg – Gahberg – Weyregg – mit Bus oder Schiff zurück

Talort: Schörfling, 514 m, Erholungsort am Nordende des Attersees. Weyregg, 482 m, Sommerfrische und Badeort am Attersee-Ostufer.
Ausgangspunkt: Die Schiffsanlegestelle (auch Bahn- und Bushalt) im Ortsteil Kammer in Schörfling.
Parkmöglichkeit: Im Ortsbereich von Kammer
Gehzeiten: Kammer – Häfelberg 1½ Std., Häfelberg – Gahberg (Ghf. Kogler) 1 Std., Abstieg Gahberg – Weyregg 1 Std.; Gesamtzeit 3½ Std.
Anforderungen: Einfache Wanderung auf Straßen oder bez. Wegen.
Höchster Punkt: Gahberg, 864 m.
Einkehrmöglichkeit: Ghf. Kogler (32 B., ganzj. offen).
Sehenswertes: Prachtblick vom Gahberg auf Höllengebirge, Schafberg und Attersee.

Bild rechte Seite: Am Gahberg. Im Süden der Attersee und der Schafberg.

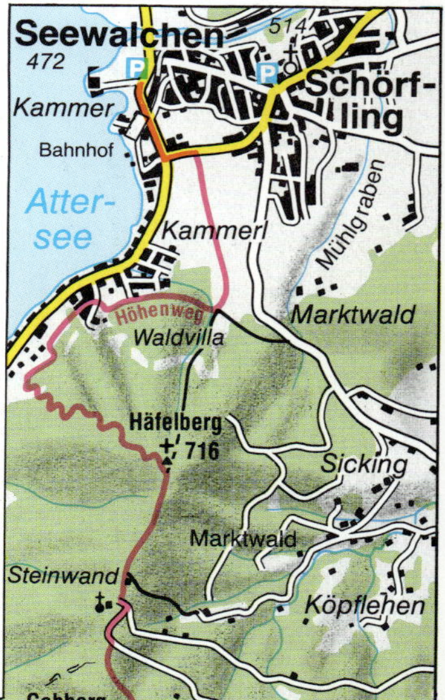

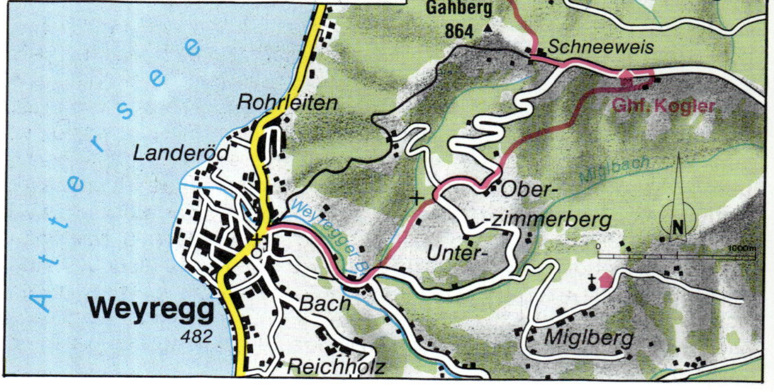

Die Flyschberge mit ihren Wäldern und weiten Wiesengebieten geben den Uferlandschaften ein ausgesprochen heiteres Gepräge. Die Höhen des Häfel- und Gahberges können von Schörfling aus problemlos überschritten werden. Am Gahberg lädt ein gutgeführtes Gasthaus zur Einkehr. Die Schau von dort auf Höllengebirge, Schafberg und Attersee ist überwältigend und hat nur in der Rundsicht vom weiter östlich gelegenen Hongar (Tour 33) ein Gegenstück.

Von Schörfling/Kammer über den Häfelberg zum Gahberg: Die Attersee-Ostuferstraße (Bundesstraße Nr. 152) südwärts zur Weyregger Straße. Auf ihr 200 m nach Osten zur Hausjell-Allee. Diese über Wiesen eben nach rechts (Süden) zur Umfahrungsstraße und weiter zur „Waldvilla" am Nordfuß des bewaldeten Häfelberges. Den querenden „Höhenweg" nach rechts, dann in die Westseite des Berges und dort zur Linksabzweigung des gelb bez. Weges Nr. 1, 3/4 Std. Auf ihm durch Wald nach Südosten empor zum Gipfel des Häfelberges, 716 m. Auf Weg Nr. 1 und 2 am bewaldeten Rücken nach Süden, später nach links hinauf zur Wiesenkuppe des Gahberges mit dem Gehöft Schneeweis. Nach Osten zur Gahbergstraße, auf dieser zum Ghf. Kogler (ca. 855 m) rechts unterhalb der Kammhöhe.

Abstieg vom Gahberg nach Weyregg: Vom Ghf. Kogler auf Weg Nr. 3 über Wiesen und durch Wald nach Südwesten abwärts zum Hof Ober-Zimmerberg und zur Gahbergstraße. Diese nach Westen zu einer Linkskurve. Hier auf Weg Nr. 3 rechts ab und durch Wald in Südrichtung steil hinab nach Bach. Nun auf Asphaltstraße westwärts nach Weyregg, 482 m.

Rückfahrt nach Schörfling/Kammer mit Schiff (von Mitte Mai bis Ende September) oder Bus.

ar, 943 m

andwall der Salzkammergutberge

asthof Schwarz – Hongar

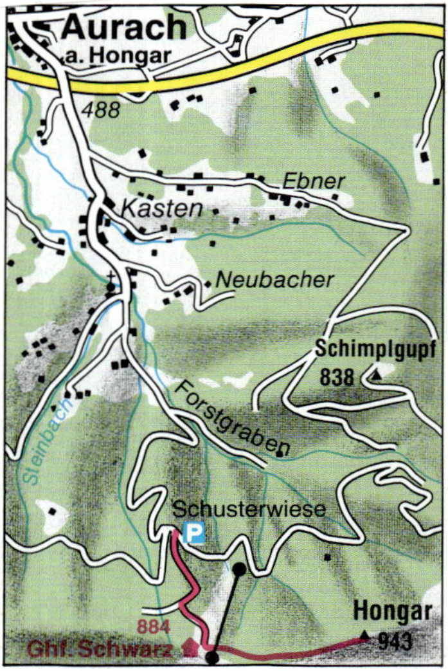

Talort: Aurach, 488 m. Dorf im Norden des Hongar, nahe der Autobahn Wien – Salzburg. Zufahrt von der Autobahnabfahrt Seewalchen (6 km), von der Abfahrt Regau (9 km) und von Vöcklabruck (9 km).
Ausgangspunkt, Parkmöglichkeit: Parkplatz (ca. 760 m) bei der Talstation des Hongar-Schleppliftes an der Nordseite des Berges. Auffahrt dorthin von Aurach über Kasten mit eigenem Kfz, 4 km.
Gehzeiten: Parkplatz – Ghf. Schwarz – Hongar $^{3}/_{4}$ Std., retour $^{1}/_{2}$ Std.; Gesamtzeit 1$^{1}/_{4}$ Std.
Anforderungen: Kurze, bequeme Wanderung. Ideal im Frühsommer und Herbst.
Höchster Punkt: Hongar, 943 m.
Einkehrmöglichkeit: Ghf. Schwarz (ganzj. offen, keine Nächtigung!).
Sehenswertes: Die Aussicht vom Gipfel des Hongar mit Traunstein (Südosten), Totem Gebirge, Erlakogel („Schlafende Griechin"), Höllengebirge (Süden) und Schafberg (Südwesten).

Der nördlichste Wall der Salzkammergut-Flyschberge, der Höhenrücken Gahberg – Alpenberg – Hongar – Hohe Luft – Kronberg, hat als Proszenium vor den mächtig auftrumpfenden Kalkalpen einen besonderen Namen. Der hier gewürdigte Hongar, ein Teilgebiet des „Naturparks Höllengebirge-Hongar", kann vom Erholungsort Aurach größtenteils mit dem Auto erreicht werden (Skigebiet!), so daß für den Gipfelanstieg nur noch geringe Mühen aufzuwenden sind. Eine anspruchslose Spazierwanderung, die, von wundervollen Ausblicken zu den Bergen im Süden begleitet, zu jeder Jahreszeit Freude und Vergnügen bereitet.

Vom Parkplatz zum Ghf. Schwarz und weiter auf den Hongar: Auf Forststraße zunächst durch Wald, dann über Wiesen in Windungen und Kehren nach Süden aufwärts zu dem am Höhenrücken des Hongar aussichtsreich gelegenen Ghf. Schwarz (884 m), 20 Min. Nun auf bez. Weg am Kamm nach Osten in den Wald und dort rechts neben einem Schlepplift aufwärts zu einer Anhöhe mit herrlichen Lärchenbeständen. Am Kamm verbleibend

Traunstein und Gmundnerberg vom Hongar gesehen.

(links Wald, rechts freie Wiesenhänge) zunächst eben, dann steiler hinauf zum höchsten Punkt des Hongar (943 m, Tafeln). Hier am Waldrand noch 100 m eben weiter zu schöner eingezäunter Sitzgarnitur.
Abstieg auf gleicher Route.

34 Hochstein, 1072 m

Ein „Feldherrnhügel“ zwischen Höllengebirge und Traunstein

Rödbauer – Gasthof Hochsteinalm – Hochstein

Talort: Traunkirchen, 433 m. Auf einer Halbinsel am Westufer des Traunsees malerisch gelegener Ort.
Ausgangspunkt: Rödbauer (ca. 700 m) am Mühlbachberg. Auffahrt von Traunkirchen mit eigenem Kfz, 6 km.
Parkmöglichkeit: Beim Rödbauer, am Ende der Asphaltstraße.
Gehzeiten: Rödbauer – Hochsteinalm 3/4 – 1 Std., Hochsteinalm – Hochstein 1/2 Std., Abstieg zum Rödbauern 3/4 Std.; Gesamtzeit 2 – 2 1/4 Std.
Anforderungen: Einfache Wanderung auf Forststraßen oder guten Wegen.
Höchster Punkt: Hochstein, 1072 m.
Einkehrmöglichkeit: Ghf. Hochsteinalm (17 B., 20 L.; ganzj. offen).
Sehenswertes: Die Ausblicke auf Traunsee, Traunstein und Höllengebirge.

Die über dem Langbathtal, im Banne des Höllengebirges, herrlich gelegene Hochsteinalm zählt mit dem im Norden darüber aufragenden Hochstein wohl zu den begehrtesten Wanderzielen im Traunseegebiet. Ein kurzer Zugang, die Annehmlichkeit eines bewirtschafteten Stützpunktes und zuletzt eine phantastische Gipfelrundschau lassen das Unternehmen für Bergwanderer jeden Alters interessant erscheinen.

Vom Rödbauer zum Ghf. Hochsteinalm: Auf unbez., steinigem Güterweg durch Wald ziemlich steil nach Südwesten aufwärts, später in Kehren empor zur Hochsteinalm-Forststraße. Auf ihr südwärts hinauf zum Wiesensattel zwischen Lärlkogel links und Hohenaugupf rechts. Jenseits durch eine liebliche Wiesenmulde nach links (Südosten) sanft aufwärts zum Ghf. Hochsteinalm, 907 m.

Vom Ghf. Hochsteinalm auf den Hochstein: Auf rot bez. Weg (Hinweistafel zum Burgstein) nordwestwärts in den Wald und dort sanft aufwärts, später mehr nach rechts (Osten), schließlich steil empor an den felsigbewaldeten Westkamm des Hochsteins. Über ihn nach rechts hinauf zum höchsten Punkt (1072 m; Achtung, die Markierung führt in Ostrichtung gegen den Burgstein weiter!).

Abstieg auf gleicher Route.

Bild rechts: Die malerisch gelegene Hochsteinalm, dahinter das Höllengebirge.

35 Sonnsteine-Überschreitung

Eine Wanderung für Schwindelfreie von Ebensee nach Traunkirchen

Ebensee – Großer Sonnstein – Kleiner Sonnstein – Traunkirchen – mit Bus oder Bahn zurück

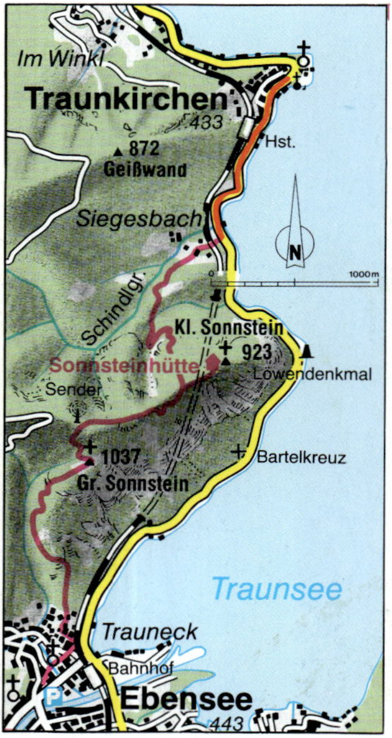

Talort: Ebensee, 443 m, und Traunkirchen, 433 m, am Südende bzw. am Westufer des Traunsees gelegene Ferienorte.
Ausgangspunkt: Platz vor der Pfarrkirche in Ebensee.
Parkmöglichkeit: Im Ortsgebiet von Ebensee.
Gehzeiten: Ebensee – Gr. Sonnstein 1½ Std., Gr. Sonnstein – Kl. Sonnstein ¾ – 1 Std., Abstieg Kl. Sonnstein – Traunkirchen 1 Std.; Gesamtzeit 3¼ – 3½ Std.
Anforderungen: Anspruchsvolle Bergtour. Trittsicherheit, Schwindelfreiheit und Ausdauer nötig. Mehrere exponierte, z. T. gesicherte Felspassagen.
Höchster Punkt: Gr. Sonnstein, 1037 m.
Einkehrmöglichkeit: Sonnsteinhütte (5 L., vom 1. Juni bis 30. September geöffnet).
Sehenswertes: Die schwindelerregenden Tiefblicke zum Traunsee mit den Orten Ebensee, Traunkirchen und Gmunden.

Bild rechts: Gipfelrast am Großen (Ebenseer) Sonnstein.

Wie der Traunstein, so stürzen auch die gegenüber aufragenden Sonnsteine in lotrechten Wänden gegen den Traunsee nieder. Beide Gipfel, der Ebenseer wie der Traunkirchner Sonnstein, können auf interessanter Steiganlage überschritten werden. Die zu bewältigenden Höhenunterschiede sowie das steile, z. T. felsige Gelände verlangen geübte Geher. Die unterwegs genossenen Tiefblicke gegen den Traunsee sind atemberaubend und auch für „abgebrühte“ Bergwanderer ein Erlebnis!
Von Ebensee auf den Großen (Ebenseer) Sonnstein: Auf Asphaltstraße (Weg Nr. 13) nach Norden hinauf zu einer Verzweigung. Links auf breitem

Weg (Stiegen) zu den obersten Häusern und in den Wald. Hier in Kehren steil nach Norden aufwärts, dann lange Querung nach links (Nordwesten) empor in einen Graben. Rechts von ihm wieder in Nordrichtung aufwärts, später eine felsig-bewaldete Steilflanke nach rechts (Osten) hinauf, zuletzt über den Gipfelkamm, an einer Verzweigung vorbei, zum höchsten Punkt des Gr. Sonnsteins (1037 m; zwei Kruzifixe, Buch).
Übergang zum Kleinen (Traunkirchner) Sonnstein: Zurück zur erwähnten Teilung, dort rechts (Weg Nr. 13) und über eine 15 m hohe, gestufte Wand (Drahtseile) hinunter, dann durch Wald im Auf und Ab weiter, schließlich durch die Nordseite des Verbindungskammes abwärts zum Sattel „Ludleben". Jenseits auf Weg Nr. 1 den licht bewaldeten Felsrücken aufwärts zur „Hohen Rast" (Bank) und steil auf einen Vorgipfel. Kurz hinab zur Sonnsteinhütte (920 m) und jenseits wenige Meter empor zum Gipfel des Kl. Sonnsteins (923 m; großes Holzkreuz, Buch).
Abstieg nach Traunkirchen: Zurück zum Sattel „Ludleben". Auf Weg Nr. 1 einen bewaldeten Graben nach rechts (Norden) steil hinab in ein murbruchartiges Tälchen (Drahtseil) und weiter in den Schindlgraben (Holzriese, Wasserfälle). Hier nach rechts (Nordosten) hinunter zu den Häusern von Siegesbach und in Kehren weiter abwärts zur Traunsee-Westuferstraße. Diese linkshaltend nach Traunkirchen, 433 m.
Rückfahrt mit Bus oder Bahn nach Ebensee.

36 Langbathseen-Rundwanderung

Halbtagesausflug für Genießer

Sporthotel – Rundwanderung um die beiden Langbathseen – Sporthotel

Talort: Ebensee, 443 m. Am Südende des Traunsees gelegener Industrie- und Fremdenverkehrsort.
Ausgangspunkt: Sporthotel Langbathsee, 664 m, am Ostufer des Vorderen Langbathsees, 9 km von Ebensee.
Parkmöglichkeit: Neben Sporthotel.
Gehzeit: 1¾ – 2¼ Std.
Anforderungen: Einfache Wanderung auf bez. Forststraßen.
Höchster Punkt: Hinterer Langbathsee, 732 m.
Einkehrmöglichkeit: Sporthotel Langbathsee (58 B., von kurzen Unterbrechungen abgesehen immer geöffnet).
Sehenswertes: Der Blick vom Sporthotel nach Westen auf Vorderen Langbathsee und Brunnkogel. Aufblick vom Hinteren Langbathsee gegen die großartigen Nordabstürze des Höllengebirges.

Zum Vorderen Langbathsee gelangt man vom alten Salineort Ebensee am besten mit dem Auto. Viele begnügen sich damit und versäumen so eine der schönsten Spazierwanderungen des Salzkammergutes. Der im inneren Langbathtal, vor der Kulisse des Brunnkogels malerisch gelegene Vordere See und der noch weiter talein, in einem verborgenen Kessel direkt unter den Nordabstürzen des Höllengebirges plazierte Hintere Langbathsee, können beide auf schönem Promenadenweg umwandert werden, wobei mehrfach Bademöglichkeit besteht.

Rund um die beiden Langbathseen: Vom Sporthotel auf Forststraße (Weg Nr. 9) am Nordufer des Vorderen Langbathsees entlang nach Westen zum See-Ende und weiter zu einer Verzweigung. Geradeaus durch Wald und über Kahlschläge sanft aufwärts, später im Linksbogen zu weiterer Teilung. Linkshaltend, südwestwärts, zur Blockhütte „Hinterseestube“ (mit Brun-

Am Nordufer des Vorderen Langbathsees. Im Hintergrund der Brunnkogel (Höllengebirge).

nen) und gleich danach zum Hinteren Langbathsee, 732 m. Die Straße am rechten Ufer weiter zum Südende und zur Rechtsabzweigung des Schafluckensteiges, 1 – 1¼ Std. Am Ostufer zurück, vom nördlichen See-Ende jedoch die Forststraße geradeaus weiter, später nach rechts (Osten) durch Wald zu einer Verzweigung. Rechtshaltend, ostwärts, wieder zum Vorderen Langbathsee und an seinem Südufer entlang zu neuerlicher Teilung. Halblinks ab (!) und auf breitem Weg durch Wald nach Nordosten zurück zum Sporthotel Langbathsee.

37 Alberfeldkogel, 1707 m

Vielbesuchte Aussichtskanzel am Nordrand des Höllengebirges

Feuerkogelbahn-Bergstation – Alberfeldkogel

Talort: Ebensee, 443 m. Am Südende des Traunsees gelegener Industrie- und Fremdenverkehrsort.
Ausgangspunkt: Bergstation der Feuerkogelbahn, 1592 m. Talstation im Langbathtal, 1,5 km von Ebensee. Ganzj. Betrieb (außer November). Auffahrt täglich von 9.00 bis 16.00 Uhr zur vollen Stunde (Zusatzfahrten nach Bedarf!).
Parkmöglichkeit: Bei der Talstation der Feuerkogelbahn.
Gehzeiten: Feuerkogelbahn-Bergstation – Alberfeldkogel ¾ Std., retour ½ Std.; Gesamtzeit 1¼ Std.
Anforderungen: Bequemer Anstieg auf breitem Weg. Auch bei Nebel kaum zu verfehlen.
Einkehrmöglichkeiten: Ghf. Edelweiß (45 B.), Ghf. Dachsteinblick (58 B.), Feuerkogelhaus (50 B.), Christophorushütte (50 B.). Alle Gaststätten vom 1. November bis 15. Dezember geschlossen, sonst immer offen.
Sehenswertes: Der Tiefblick vom Alberfeldkogel gegen das Alpenvorland.
Hinweis: Bei Benützung des zeitweise betriebenen Heumahdgupf-Sessellifts ¼ Std. Zeitersparnis.

Unten, im alten Salineort Ebensee, lassen sich die Schönheiten des Höllengebirges nur erahnen. Das ändert sich aber während der Auffahrt mit der Feuerkogelbahn: Dachstein und Traunstein präsentieren sich immer großartiger, aus der Tiefe grüßt der Traunsee, eine eindrucksvolle Fernsicht über das oberösterreichische Alpenvorland hinweg bis zum Böhmerwald tut sich auf! Kein Wunder, daß sich hier ein gepflegtes Wander- und Skizentrum mit zahlreichen Gasthöfen und Hotels entwickeln konnte. Wer mehr als nur die Seilbahnfahrt haben will, dem sei die Besteigung des Alberfeldkogels empfohlen. Sein exponierter, durch eine Aussichtskanzel erschlossener Gipfel kann vom Feuerkogel her problemlos erreicht werden.
Von der Feuerkogelbahn-Bergstation auf den Alberfeldkogel: Den breiten, anfangs geteerten Weg Nr. 835 in Westrichtung, an mehreren Gasthö-

Die Aussichtskanzel am Gipfel des Alberfeldkogels.

fen vorbei, sanft aufwärts, dann abwärts zum Sattel vor dem Heumahdgupf (rechts die Talstation des gleichnamigen Sessellifts). Nun links quer durch die begrünte Südflanke des Berges, später eine latschenbewachsene Mulde nach rechts (Norden) empor zum Sattel zwischen Alberfeldkogel und Heumahdgupf (Rechtseinmündung des Weges von der Sessellift-Bergstation her). Linkshaltend nahe dem Hochflächenrand aufwärts zu einer Anhöhe mit Wegteilung. Hier durch Latschen in Windungen nach rechts (Norden) empor zum Gipfel des Alberfeldkogels (1707 m; Aussichtskanzel, Holzkreuz und Gipfelbuch).

Abstieg auf gleichem Weg.

altenbachwildnis

sromantik zu Füßen des Traunsteins

Gasthof Hois'n – Kaltenbachwildnis-Rundwanderweg – Gasthof Hois'n

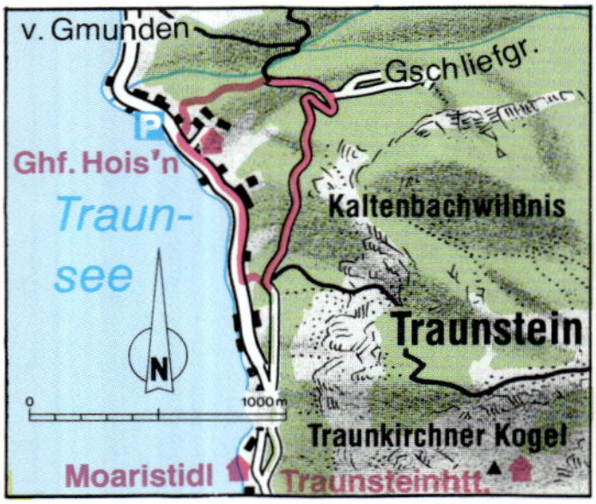

Talort: Gmunden, 436 m. Malerische Kleinstadt am Nordende des Traunsees.
Ausgangspunkt: Ghf. Hois'n am Traunsee-Ostufer, 4 km von Gmunden.
Parkmöglichkeit: Gegenüber dem Ghf. Hois'n, am Traunseeufer.
Gehzeit: 1¼ – 1½ Std.
Anforderungen: Unschwierige Wanderung auf z. T. staubfreien Wegen. Auch für Kinder und ältere Leute.
Höchster Punkt: Ca. 700 m.
Einkehrmöglichkeit: Ghf. Hois'n (16 B., vom 1. März bis 31. Oktober geöffnet).
Sehenswertes: Die Kletterer in den senkrechten Wänden des Adlerhorstes.

Das Miniatur-Gebirge der Kaltenbachwildnis am Nordwestfuß des Traunsteins hat dem etwas zu bieten, der ohne große Mühen Einblick in eine wildromantische Felslandschaft gewinnen möchte. Die aus einem alten Murbruch entstandene Schlucht mit ihren Wänden und abenteuerlich geformten Türmen gilt als einer der schönsten Klettergärten im Umkreis von Gmunden. Der Rundwanderweg führt mitten durch dieses Felslabyrinth und gewährt dabei wundervolle Tiefblicke zum Traunsee.

Der Rundwanderweg durch die Kaltenbachwildnis: Vom Ghf. Hois'n auf staubfreiem Weg über Wiesen in Windungen nach Nordosten empor, später durch Wald in Ostrichtung weiter zu querender Forststraße. Diese nach rechts, dann auf Weg rechts ab und südwärts um eine Ecke herum in die Kaltenbachwildnis. Hier (staubfreier Weg, betonierte Stiegen, Abzäunung) an der linken Seite der Schlucht zunächst unter den senkrechten Wänden des Adlerhorstes durch, dann in Windungen und Kehren, an Tümpeln und Wasserfällen vorbei, durch das Türmelabyrinth empor zu einem bewaldeten Felskamm mit Holzhüttchen, dem höchsten Punkt (ca. 700 m) des Rundwanderweges. Links oberhalb in einer Felsnische schöner Rastplatz (Bank) mit Tiefblick zum Traunsee.

Westwärts einige Kehren durch Wald abwärts, dann in langer Querung bewaldeter Hänge nach links (Süden) hinunter zum Hernlersteig (Weg Nr. 416 auf den Traunstein). Auf ihm durch Wald nach rechts (Westen) hinab zur asphaltierten Traunsee-Ostuferstraße und diese rechtshaltend zurück zum Ghf. Hois'n.

Rast am höchsten Punkt des Weges durch die Kaltenbachwildnis.

39 Miesweg

Originelle Mini-Steiganlage am Ostufer des Traunsees

Parkplatz – Jausenstation Moaristidl – Miesweg – Lainaubrücke – Lainaustraße – Parkplatz

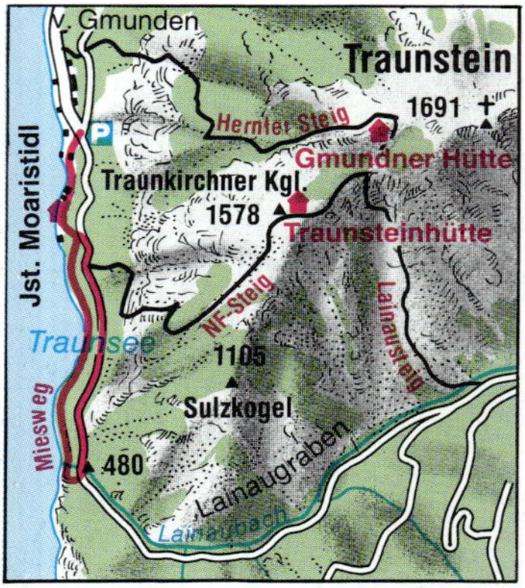

Talort: Gmunden, 436 m. Malerische Kleinstadt am Nordende des Traunsees.
Ausgangspunkt, Parkmöglichkeit: Großparkplatz am südlichen Ende der asphaltierten Traunsee-Ostuferstraße, 5 km ab Gmunden.
Gehzeiten: Parkplatz – Miesweg – Lainaubrücke ¾ Std., Rückweg entlang der Lainaustraße ½ Std.; Gesamtzeit 1¼ Std.
Anforderungen: Unschwierig. Bergsteigerische Gewandtheit und Trittsicherheit jedoch erforderlich!
Höchster Punkt: Lainaubrücke, 480 m.
Einkehrmöglichkeit: Jst. Moaristidl (von Ostern bis 30. September geöffnet, keine Nächtigung!).
Sehenswertes: Die gewaltigen Westwände des Traunsteins. Wunderbare Ausblicke zum Traunsee!

Wer eine Vorliebe für originelle Steiganlagen hat, wer dem Traunsee hautnah sein möchte, ja vielleicht sogar ein Bad in seinen kühlen Fluten riskieren will, für den ist eine Begehung des Miesweges gerade das Richtige. Er führt am Ostufer des Sees unter den Westwänden des gewaltigen Traunsteins entlang und hatte früher als Zugang von Gmunden in den Lainaugraben Bedeutung. Der 1963 mit dem Bau einer Forststraße zerstörte, 1979 jedoch wiederhergestellte Steig ist der Prototyp einer aus praktischer Sicht heute bedeutungslosen, seiner landschaftlichen Schönheit und Originalität wegen aber immer noch interessanten Anlage. Die Begehung des kurzen, auf Holzstegen an senkrechten Wänden knapp über dem See entlangführenden Miesweges bereitet auch mit Kindern großes Vergnügen.
Vom Parkplatz auf dem Miesweg zur Lainaubrücke: Den breiten Uferweg, an blumengeschmückten Häusern vorbei, nach Süden zur Jst. Moaristidl, 7 Min. Nun direkt am Seeufer zu einem Badeplatz und weiter zur Lainau-Forststraße. Bei einem Tunneleingang zweigt rechts der Miesweg ab, 20 Min. Den an senkrechten Wänden entlangführenden, durch Drahtseile beiderseits gesicherten Steig (Holzstege, Eisenklammern) im Auf und Ab zu einem Rastplatz bei Wasserfall. Nun über eine steile schrofige Wand in Kehren (Stufen) empor und wieder zur Lainaustraße (Brücke).

Vom Miesweg ergeben sich reizvolle Ausblicke gegen den fjordartigen Traunsee.

Rückweg: Die Brücke nach links (Norden) über den Lainaugraben, dann durch zwei Tunnels, zuletzt durch Wald wieder zum Parkplatz.

40 Traunstein-Umrundung

Abwechslungsreiche Wanderung rund um den „Wächter des Salzkammergutes“

Gmunden – Grünberg – Laudachsee – Hohe Scharte – Mairalm – Lainaugraben – Ostuferstraße (Busfahrt nach Gmunden)

Talort: Gmunden, 436 m.
Ausgangspunkt: Bergstation der Grünbergbahn, 984 m. Talstation im südöstlichen Ortsbereich von Gmunden (Ortsteil Weyer). Betrieb vom 1. Mai bis 31. Oktober stündlich von 8.00 bis 18.00 Uhr.
Parkmöglichkeit: Südlich Talstation.
Gehzeiten: Grünberg – Laudachsee $\frac{3}{4}$ – 1 Std., Laudachsee – Mairalm 1 Std., Mairalm – Parkplatz $\frac{3}{4}$ – 1 Std.; Gesamtzeit $2\frac{1}{2}$ – 3 Std.
Anforderungen: Unschwierige Wanderung, jedoch Trittsicherheit nötig!
Höchster Punkt: Hohe Scharte, 1113 m.
Einkehrmöglichkeiten: Grünberg-Gästehaus (26 B., mit der Seilbahn geöffnet), Restaurant Ramsaualm, Jst. Mairalm (beide vom 1. Mai bis 31. Oktober offen, keine Nächtigung!).
Sehenswertes: Der berühmte Traunsee-Blick vom Grünberg und der stimmungsvoll gelegene Laudachsee.

Vom Grünberg zum Laudachsee: Auf Weg Nr. 410 („Waldlehrpfad“) den bewaldeten Ostrücken des Grünberges abwärts zum Sattel vor dem Hochgschirr. Hier rechts und quer durch die Südflanke des Berges, dann abwärts zum Sattel vor dem Traunstein. Nun auf Forststraße, an der Quelle „Sieben Brünnlein“ vorbei, durch Wald nach Südosten aufwärts und in einem Rechtsbogen zum Laudachsee mit dem Restaurant Ramsaualm, 895 m.

Rast an der im inneren Lainaugraben gelegenen Mairalm.

Vom Laudachsee zur Mairalm: Auf Weg Nr. 410 nach Süden, später durch Wald aufwärts und auf Felssteig (Geländersicherung) sehr steil empor zur Hohen Scharte (1113 m) zwischen Traunstein und Katzenstein. Jenseits nach Süden hinunter in den Lainaugraben. Auf Forststraße nach rechts talaus zu der links oberhalb der Talsohle gelegenen Mairalm, 789 m. **Von der Mairalm zur Traunsee-Ostuferstraße:** Die Forststraße (Weg Nr. 410) an der linken Seite des Lainaugrabens nach Westen abwärts zur Lainaubrücke (Traunsee-Blick!). Über die Brücke, dann durch zwei Tunnels und durch Wald zum Parkplatz am Südende der Traunsee-Ostuferstraße. **Rückfahrt** mit Bus (verkehrt mehrmals täglich) nach Gmunden.

41 Kasberg, 1747 m

Aussichtspodium vor dem Toten Gebirge

Parkplatz – Sepp-Huber-Hütte – Kasberg

Talort: Grünau im Almtal, 528 m. Sommerfrische und Wintersportort.
Ausgangspunkt, Parkmöglichkeit: Kasberg-Parkplatz am Ende der Mautstraße aus dem Almtal, 10 km von der Mautstelle, 16 km von Grünau. Auffahrt von 8.30 bis 17.00 Uhr, Talfahrt bis 20.00 Uhr (nur Sommerbetrieb!).
Gehzeiten: Parkplatz – Kasberg 1¼ – 1½ Std., retour ¾ Std.; Gesamtzeit 2 – 2¼ Std.
Anforderungen: Einfache Wanderung, jedoch Trittsicherheit erforderlich. Vorsicht bei Nebel!
Höchster Punkt: Kasberg, 1747 m.
Einkehrmöglichkeit: Sepp-Huber-Hütte (30 L., ganzj. geöffnet).
Sehenswertes: Die herrliche Rundsicht vom Kasberg (Totes Gebirge!). Der Cumberland-Wildpark am Beginn der Kasberg-Straße (Mautstelle) im Almtal.
Hinweis: Von der Sepp-Huber-Hütte kann auch das Spitzplaneck (1617 m; prächtige Rundsicht!) bestiegen werden. Guter, aber unbez. Steig. Gesamter zusätzlicher Zeitaufwand 1 Std.

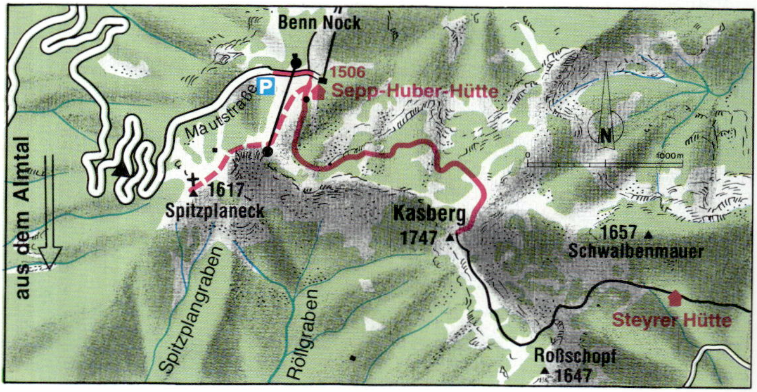

Kennern war der Kasberg schon vor Errichtung der Mautstraße aus dem Almtal ein Begriff. Er galt seiner günstigen Position wegen schon immer als ideale Aussichtswarte vor dem Toten Gebirge und als wunderbarer Skiberg obendrein. Wer heute mit dem Auto zum Parkplatz nahe der Sepp-Huber-Hütte hochfährt, kann den Kasberg von dort problemlos an einem Vormittag besteigen. Prächtige Ausblicke gegen das Alpenvorland aber auch zum grünschimmernden Almsee mit den Nordabstürzen des Toten Gebirges darüber werden ihn dabei begleiten.

Vom Parkplatz auf den Kasberg: Auf Fahrweg über Wiesen ostwärts zur nahen Sepp-Huber-Hütte, 1506 m. Nun auf bez. Weg Nr. 431 am rechten

Gipfelrast am Spitzplaneck (Kasberg).

Rand einer grünen Mulde nach Süden aufwärts unter den Westrücken des Kasberges. Nach links in die Nordseite und dort die felsdurchsetzte, von Latschen dicht bewachsene Flanke (zwei drahtseilgesicherte Felspassagen) in Ostrichtung hoch, zuletzt durch eine Latschengasse mehr nach rechts (Südosten) empor an den Nordostrücken des Berges. Hier zunächst noch durch Latschen, später über Karrenplatten und durch grüne Dolinenmulden in schöner Wanderung hinauf zur Linksabzweigung von Weg Nr. 433 und weiter zum Gipfel des Kasberges (1747 m, Metallkreuz).
Abstieg auf gleicher Route.

42 Almsee-Ostuferweg

Ein „Romantikweg" für Verliebte

Gasthof Jagersimmerl – Almsee-Ostuferweg – Seehaus – mit Bus zurück

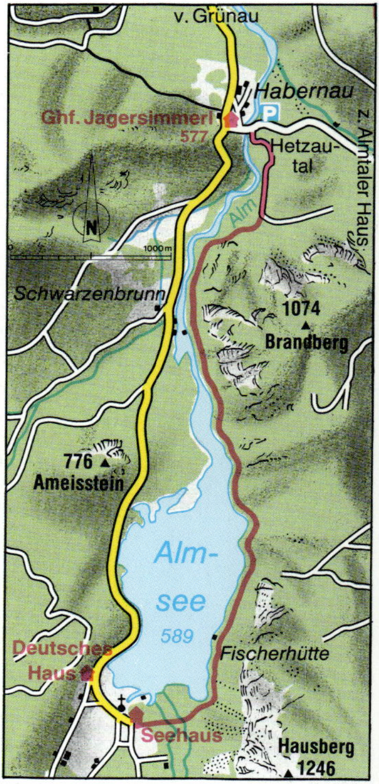

Talort: Grünau im Almtal, 528 m. Sommerfrische und Wintersportort.
Ausgangspunkt: Ghf. Jagersimmerl, 577 m, in der Habernau, an der Verzweigung von Hetzau-Tal und Almtal, 10 km von Grünau.
Parkmöglichkeit: Parkplatz vor dem Ghf. Jagersimmerl.
Gehzeit: Ghf. Jagersimmerl – Ostuferweg – Seehaus $1^1/_4$ – $1^1/_2$ Std.
Anforderungen: Bequemer Uferpromenadenweg.
Höchster Punkt: Seehaus, ca 600 m.
Einkehrmöglichkeiten: Ghf. Jagersimmerl (23 B., vom 17. Oktober bis 30. November geschlossen, sonst immer geöffnet), Seehaus (von Ostern bis 15. Oktober offen, meist keine Nächtigungsmöglichkeit!), Deutsches Haus (10 B., vom 1. Mai bis 15. Oktober geöffnet).
Sehenswertes: Die unberührten Uferlandschaften des Almsees. Eindrucksvoller Aufblick zu den Nordabstürzen des Toten Gebirges.

Von seltenem Reiz ist die Landschaft des inneren Almtales, vornehmlich die Umgebung des in einem weiten Kessel gelegenen Almsees. Die beiden Gasthöfe am Südende können von Grünau mit Bus oder eigenem Auto bequem erreicht werden und dienen als Stützpunkt für anstrengende Steilanstiege zur Hochfläche des Toten Gebirges. Die Zufahrtsstraße ausgenommen sind die Ufer des Almsees bisher von den mancherorts üblichen Verhüttelungen und Ufer-Verbauungen verschont geblieben. So läßt sich's am romantischen Ostufer in heute schon rar gewordenen Naturschönheiten schwelgen.

Vom Ghf. Jagersimmerl auf dem Ostuferweg zum Seehaus: Die Straße in die Hetzau (Almtaler Haus) 100 m nach Osten, über den Alm-Bach, und

Am Almsee-Ostuferweg. Im Hintergrund die Nordabstürze des Toten Gebirges.

gleich danach zur Rechtsabzweigung des Ostuferweges. Auf dem bez. Fahrweg (Nr. 404) südwärts durch schönen Wald im Auf und Ab dahin, dann auf breitem Wanderweg weiter und etwas abwärts zum Nordende des Almsees, der bei einer Wehr erreicht wird, ½ Std. Nun am bewaldeten Seeufer auf schönem Promenadenweg in herrlicher Wanderung nach Süden, zuletzt durch eine Au mehr nach rechts (Südwesten) eben zum Seehaus, ca. 600 m.

Rückfahrt zum Ghf. Jagersimmerl mit Bus (verkehrt mehrmals täglich).

43 Ödseen und Herrentisch

Seen-Idylle beim Almtaler Haus

Almtaler Haus – Ödseen-Rundwanderung – Almtaler Haus; Almtaler Haus – Herrentisch – Almtaler Haus

Talort: Grünau im Almtal, 528 m. Sommerfrische und Wintersportort.
Ausgangspunkt: Almtaler Haus, 714 m, 17 km von Grünau.
Parkmöglichkeit: Großer Parkplatz vor dem Almtaler Haus.
Gehzeiten: Almtaler Haus – Ödseen-Rundwanderung – Almtaler Haus 1¼ Std.; Almtaler Haus – Herrentisch – Almtaler Haus ¾ Std.
Anforderungen: Leichte Wanderungen auf Straßen oder gut bez. Wegen. Am Steilanstieg zum Herrentisch ist Trittsicherheit nötig.
Höchster Punkt: Herrentisch, ca. 800 m.
Einkehrmöglichkeit: Almtaler Haus (25 B., 70 L.; vom 1. Mai bis 15. September geöffnet).
Sehenswertes: Am Nordende des Gr. Ödsees schöner Wasserfall. Von hier Blick nach Süden auf Priel und Schermberg. Vom Herrentisch Tiefblick zu den Wäldern der Hetzau mit den beiden Ödseen.

Sicherlich geben sich manche schon mit einem Besuch des Almtaler Hauses zufrieden, denn bis dorthin bringt einen das eigene Fahrzeug. Doch die Umgebung des Hauses, die Hintere Hetzau mit der gewaltigen Schermberg-Nordwand im Talschluß, gehört den Bergwanderern! Zünftige können von hier in fünf Stunden die höchste Erhebung des Toten Gebirges, den Gr. Priel (2525 m), besteigen. Die von dichten Wäldern umgebenen romantischen Ödseen (Naturschutzgebiet!) und der aussichtsreich gelegene Herrentisch sind jedoch dem Wanderer adäquatere Ziele. Ein dankbares Halbtages-Programm vor allem mit Kindern, die an den Ufern der beiden Ödseen spielen – und auch baden – können.

Ödseen-Rundwanderung: Vom Almtaler Haus auf Fahrweg (Nr. 404 und 430) durch Wald nach Nordosten zu einer Teilung. Links (gelbe Markierung) in Nordrichtung zur Linksabzweigung des Weges zum Kl. Ödsee, der von hier in wenigen Minuten erreicht werden kann. Wir folgen jedoch dem gelb bez. Weg nordwärts im Auf und Ab weiter zum Gr. Ödsee, 695 m. Am

Der Große Ödsee mit den Nordabstürzen des Toten Gebirges – Zwillingskogel, Großer Priel, Schermberg – im Hintergrund.

rechten (östlichen) Ufer im Wald zu einem Privathaus und weiter zu querender Fortstraße am Nordende des Sees (rechts oberhalb ein schöner Wasserfall!). Die Straße nach links (Westen) abwärts zur asphaltierten Hetzau-Straße und diese linkshaltend zurück zum Almtaler Haus.

Herrentisch: Vom Almtaler Haus auf Fahrweg (Nr. 404 und 430) durch Wald nach Nordosten zu einer Teilung. Hier geradeaus, später eine steile, z. T. felsige Flanke in Kehren empor zum baumfreien Vorsprung „Herrentisch“ (ca. 800 m; Bänke). Auf gleichem Weg zurück zum Almtaler Haus.

44 Hutterer Böden, 1400 m

Eine Bergabwanderung für Fotonarren

Hinterstoder – Hutterer Böden – Schrenkenzieher Alm – Berghof Sturmgut – Hinterstoder

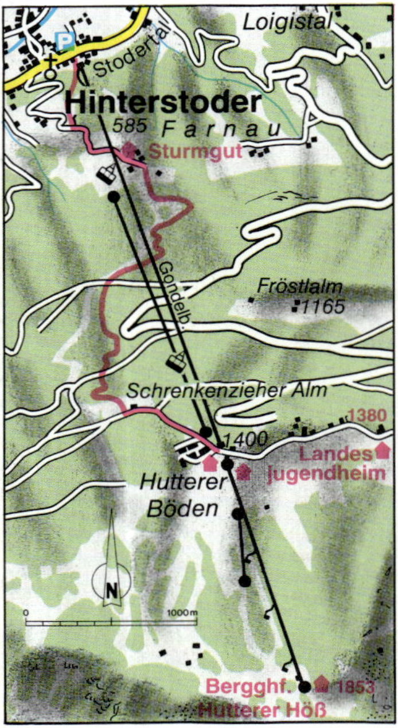

Talort: Hinterstoder, 585 m. Bekannter Sommer- und Wintersportort im Stodertal.
Ausgangspunkt: Station Hutterer Böden, 1400 m, der Hutterer-Höß-Bahn. Talstation im südlichen Ortsbereich von Hinterstoder. Betrieb vom 6. Juni bis 15. Oktober täglich von 8.30 bis 11.30 und von 12.15 bis 17.00 Uhr.
Parkmöglichkeit: Bei der Talstation der Hutterer-Höß-Bahn in Hinterstoder.
Gehzeit: Hutterer Böden – Hinterstoder 1¼ Std.
Anforderungen: Einfache Wanderung auf Forststraßen oder gut bez. Wegen.
Höchster Punkt: Hutterer Böden, 1400 m.
Einkehrmöglichkeiten: Auf den Hutterer Böden mehrere Gaststätten (im Sommer offen, z. T. Nächtigungsmöglichkeit!), Berghof Sturmgut (27 B., ganzj. offen).
Sehenswertes: Von den Hutterer Böden und im Abstieg nach Hinterstoder faszinierende Schau auf den gewaltigen Ostabsturz des Toten Gebirges mit Spitzmauer und Gr. Priel.

Bild rechts: Das hintere Stodertal mit den Abstürzen des Toten Gebirges (Spitzmauer!).

Was der Brevent für den Montblanc, der Gornergrat für das Matterhorn, der Helm für die Sextener Dolomiten, das ist die Hutterer Höß für das Tote Gebirge – ein „Feldherrnhügel" gegenüber imposanter Landschaft, ein Ort der Betrachtung, der Schaugenüsse. Die „Höß" ist in erster Linie Skigebiet. Ihr Ruhm als Wander- und Aussichtsberg ist dagegen verblaßt, wohl deshalb, weil neben dem Bau von Seilbahnen und Abfahrtspisten auf die gleichzeitige Errichtung schöner Weganlagen vergessen wurde. Das sollte uns aber als Wanderer nicht hindern, zu den Hutterer Böden hochzufahren und von dort, angesichts eines der großartigsten Panoramen der Ostalpen, den Abstieg nach Hinterstoder anzutreten.

Abstieg von den Hutterer Böden nach Hinterstoder: Den breiten Weg Nr. 6 und 217 (auch Skitrasse) nach Nordwesten abwärts zur Schrenkenzieher Alm, 1313 m. Hier auf Forststraße kurz nach links zu einer Verzweigung. Rechtshaltend durch Wald in Windungen und Kehren steil nach Norden hinunter und wieder zur Abfahrtstrasse. Diese (Weg) nach rechts und unter der Höß-Bahn durch, später auf Fahrweg nordwärts in Kehren hinab zu den freien Wiesen um den Berghof Sturmgut, ca. 770 m. Auf Asphaltstraße neuerlich unter der Höß-Bahn durch, dann nordwestwärts über Wiesen abwärts zur Rechtsabzweigung eines Steiges (Nr. 6). Auf ihm durch Obstgärten und ein kurzes Waldstück hinunter zur Talstation der Hutterer-Höß-Bahn in Hinterstoder.

45 Von Hinterstoder zum Dietlgut

Glanzvolle Talwanderung unter Priel und Spitzmauer

Hinterstoder – Polsterlucke – Schiederweiher – Dietlgut – retour zu Fuß oder mit Bus

Talort: Hinterstoder, 585 m. Bekannter Sommer- und Wintersportort im Stodertal.
Ausgangspunkt: Gemeindeamt im Zentrum von Hinterstoder.
Parkmöglichkeit: Im Ortsgebiet.
Gehzeiten: Hinterstoder – Dietlgut 1¾ – 2 Std., retour 1¾ – 2 Std.; Gesamtzeit 3½ – 4 Std.

Anforderungen: Bequeme Wanderung. Meist ebenes Gelände.
Höchster Punkt: Dietlgut, 650 m.
Einkehrmöglichkeit: Ghf. Dietlgut (45 B., vom 15. Mai bis 15. Oktober offen).
Sehenswertes: Der Aufblick vom Schiederweiher auf Priel und Spitzmauer – ein Glanzpunkt der österreichischen Bergwelt!

Hier handelt es sich beileibe um keine unbekannte Wanderung. Im Gegenteil, an schönen Wochenenden tummeln sich bei der Polsterlucke oder am malerischen Schiederweiher zahllose Geh- und Schaulustige. Mit dem berühmten Aufblick zu den Glanzstücken des Toten Gebirges, zählt das Unternehmen zu den abwechslungsreichsten Talspaziergängen dieses Führers.

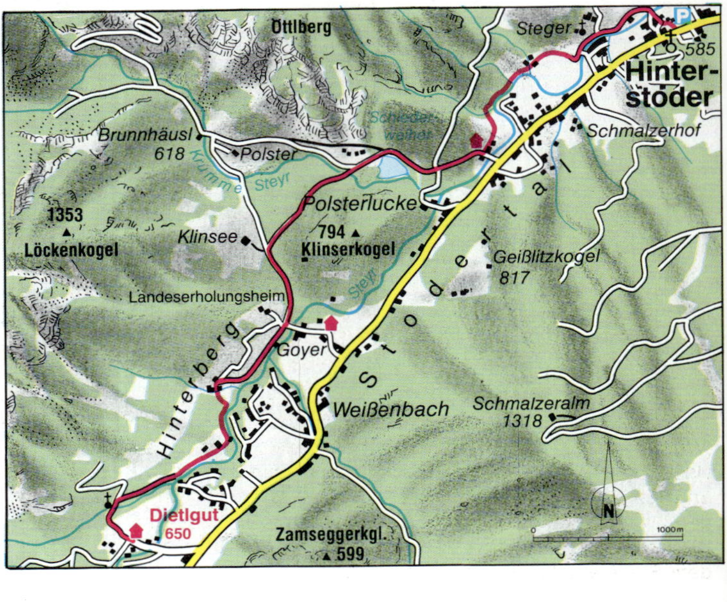

Beim Gasthof Dietlgut im inneren Stodertal. Blick nach Westen in die Dietlhölle mit Hochkasten links darüber.

Von Hinterstoder zum Ghf. Dietlgut: Vom Gemeindeamt nach Nordwesten, an der Jugendherberge vorbei, dann über die Steyr zur Linksabzweigung von Weg Nr. 1. Am Steyrbach entlang über Wiesen nach Südwesten zu einem Fahrweg und diesen nach rechts zum Haus Huemer. Auf Promenadenweg nahe der Steyr durch Wald in Südrichtung weiter zu querender Asphaltstraße beim Johanneshof. Die Straße nach rechts (Westen) aufwärts zum Talausgang der Krummen Steyr („Polsterlucke"). Hier auf Weg Nr. 1 nach links hinab zum Bach und neben ihm rechtshaltend zum Schiederweiher (612 m), ¾ – 1 Std. Am rechten Ufer entlang, später wieder auf Straße zu einer Teilung. Linkshaltend (Weg Nr. 11) über die Krumme Steyr, dann über den weiten Talboden nach Südosten zu querender Straße. Auf ihr nach links und im weiten Rechtsbogen zu einer Kreuzung. Geradeaus (Weg) an der Steyr entlang, später über freie Wiesen zum Gehöft Nicker. Nahe der Steyr zunächst noch auf Weg, dann auf Forststraße durch Wald und über Wiesen zu großer Kapelle (Evangelische Kirche). Nach links über den Ostrawitzbach und südwärts zum Ghf. Dietlgut, 650 m.
Rückkehr nach Hinterstoder entweder zu Fuß auf bekanntem Weg oder mit dem Bus (verkehrt mehrmals täglich).

46 Bärenalm, 1626 m

Herrliches Bellevue über dem inneren Stodertal

Bärenalmbahn-Bergstation – Bärenalm

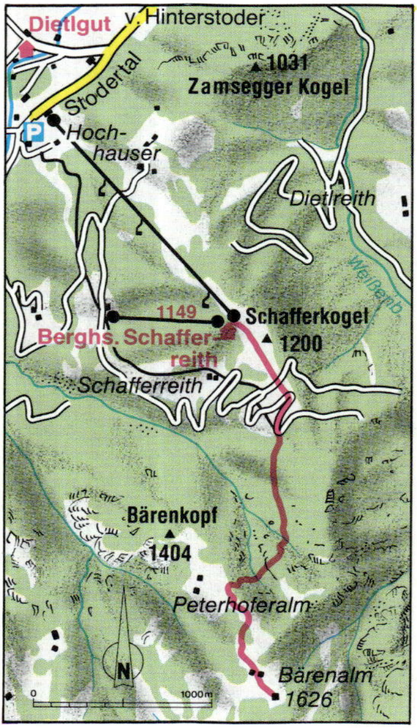

Talort: Hinterstoder, 585 m. Bekannter Sommer- und Wintersportort im Stodertal.
Ausgangspunkt: Bergstation des Bärenalm-Doppelsesselliftes, 1149 m. Talstation (656 m) nahe dem Ghf. Dietlgut im inneren Stodertal, 6 km von Hinterstoder. Betrieb vom 15. Mai bis 10. Oktober täglich von 8.30 bis 12.15 Uhr und von 13.00 bis 17.00 Uhr.
Parkmöglichkeit: Parkplatz neben der Talstation der Bärenalmbahn.
Gehzeiten: Bärenalmbahn-Bergstation – Bärenalm 1½ Std., retour ¾ Std.; Gesamtzeit 2¼ Std.
Anforderungen: Leicht. Gut bez. Weg.
Höchster Punkt: Bärenalm, 1626 m.
Einkehrmöglichkeit: Berghaus Schafferreith (mit der Sesselbahn geöffnet, keine Nächtigung!) an der Bergstation der Bärenalmbahn. Im Bereich der Bärenalm selbst keine Gaststätte!
Sehenswertes: Von der Bärenalm beeindruckende Schau gegen das Tote Gebirge.

Bild rechts: Auf der Bärenalm. Im Hintergrund die Ostabstürze des Toten Gebirges.

Ein paradiesischer Erdenfleck ist die am Nordabhang des Warscheneck-Massivs gelegene Bärenalm. Der vormals lange und anstrengende Zugang aus dem Stodertal kann bei Benützung der eigentlich für den Skilauf errichteten Bärenalm-Sesselbahn erheblich verkürzt werden. Daß es sich dort oben angesichts der Recken des Toten Gebirges gut rasten läßt, ist evident. Die Annehmlichkeit einer bewirtschafteten Almgaststätte wird allerdings nicht geboten!

Von der Sessellift-Bergstation zur Bärenalm: Auf Forststraße (Weg Nr. 280) quer durch die grasigen Westhänge des Schafferkogels zu einem Sattel. Jenseits auf gutem Weg, die Kehren der Straße abkürzend, über Wiesen nach Südosten empor in den Wald. Hier an den Hängen entlang,

an Felsbildungen vorbei, in Südrichtung weiter aufwärts, schließlich mehr nach rechts empor zu einem runden Wiesenrücken (rechts der Bärenkopf). Über ihn durch lichten Lärchenbestand in Kehren nach Süden hinauf zur Bärenalm (1626 m) mit mehreren Almhütten und gutem Brunnen.

Abstieg auf gleichem Weg.

47 Nussensee, 604 m

Kleiner Waldsee zu Füßen der Katrin

Bad Ischl – Nussensee

Talort: Bad Ischl, 469 m. Berühmte Kaiser-, Kur- und Operettenstadt im Zentrum des Salzkammergutes.
Ausgangspunkt: Friedrich-Schröpfer-Platz im Stadtkern von Bad Ischl.
Parkmöglichkeit: Im Stadtgebiet von Bad Ischl.
Gehzeiten: Bad Ischl – Nussensee 1½ Std., retour 1¼ Std.; Gesamtzeit 2¾ Std.
Anforderungen: Einfache Wanderung auf Straßen oder breiten Wegen. Nicht immer optimal markiert!
Höchster Punkt: Waldrücken Gawanzerstein, ca. 660 m.
Einkehrmöglichkeit: Außerhalb von Bad Ischl keine Gaststätten.
Sehenswertes: Unterwegs instruktiver Überblick über das Ischler Talbecken. Vom Nussensee eindrucksvolle Schau zu den Felshörnern des Bergwerks- und des Rettenkogels.
Hinweise: Der Nussensee kann von Bad Ischl auch mit dem Auto (8 km) erreicht werden. An den Seeufern keine Bademöglichkeit (Privatbesitz).

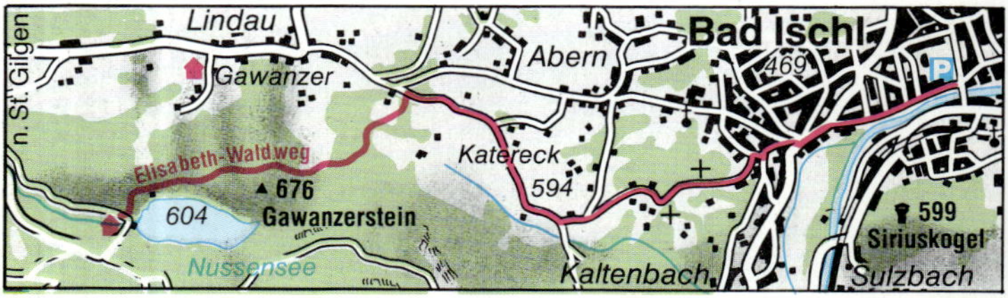

Von vielen wird der Nussensee mit dem Auto angefahren, dazu verlockt die deutlich beschilderte Abzweigung von der Bundesstraße Nr. 158. Aber es gibt auch schöne Spazierwege zu diesem romantisch gelegenen Weiher am Nordfuß der Katrin. Der empfehlenswerteste ist wohl jener von Bad Ischl her. Es ist eine Wanderung, die Besucher und Kurgäste bei jedem Wetter fast das ganze Jahr hindurch unternehmen können.

Von Bad Ischl zum Nussensee: Die Traun-Esplanade, dann die Leopold-Hasner-Allee nach Westen zur Kaltenbachstraße. Jenseits auf Weg weiter zu querender Straße (Lauffenwaldweg) und diese nach rechts zur Mastaliergasse mit dem Ghf. Molken. Die Gasse 50 m nach links zur Linksabzweigung einer Asphaltstraße (Weg Nr. 4). Diese über Wiesen nach Südwesten aufwärts zur aussichtsreichen Anhöhe des Katerecks und eben weiter zu wichtiger Verzweigung, ¾ Std. Auf Karrenweg (Nr. 4) rechts ab und über gemuldete Wiesen, an Höfen vorbei, nach Nordwesten zu querendem Karrenweg („Elisabeth-Waldweg"). Diesen linkshaltend etwas steiler empor zum Waldrücken (ca. 660 m) des Gawanzersteines und jenseits in West-

Der Nussensee von Osten gesehen.

richtung hinunter zum Nussensee (604 m), der bei einem Privathaus erreicht wird. Auf Straße geradeaus weiter, dann im Linksbogen zum Westufer.

Rückkehr auf gleichem Weg.

48 Katrin-Rundwanderung

Panoramatour am Ischler Hausberg

Katrinbahn – Katrin – Elferkogel – Hainzen – Südweg – Katrinbahn

Talort: Bad Ischl, 469 m. Berühmte Kaiser-, Kur- und Operettenstadt im Zentrum des Salzkammergutes.
Ausgangspunkt: Bergstation der Katrinbahn, ca. 1400 m. Talstation in Bad Ischl, Ortsteil Kaltenbach. Außer vom 1. November bis 5. Dezember stets in Betrieb. Auffahrt täglich von 9.00 bis 16.00 Uhr, vom 1. Mai bis 30. September bis 17.00 zur vollen Stunde.
Parkmöglichkeit: Parkplatz bei der Talstation der Katrinbahn.
Gehzeiten: Katrinbahn-Bergstation – Elferkogel – Hainzen 1¼ Std., Hainzen – Südweg – Bergstation ½ – ¾ Std.; Gesamtzeit 1¾ – 2 Std.
Anforderungen: Unschwierige Wanderung auf bez. Steigen. Trittsicherheit erforderlich!
Höchster Punkt: Hainzen, 1638 m
Einkehrmöglichkeiten: Restaurant an der Bergstation der Katrinbahn, Jst. Katrinalm (beide Betriebe mit der Seilbahn geöffnet, keine Nächtigung!).
Sehenswertes: Vom Elferkogel und Hainzen wunderbarer Überblick über das Ischler und Goiserer Talbecken mit den zentralen Salzkammergutbergen.

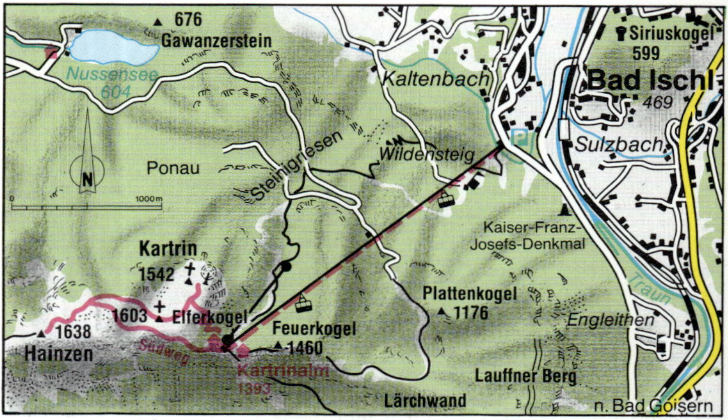

Das Salzkammergut ist ein Eldorado problemlosen, unbeschwerten Wanderns. Auch die Katrin bei Bad Ischl ist ein leicht zu erobernder Berg und zudem ein phantastisches Proszenium über dem Ischler und Goiserer Talbecken. Eine moderne Kleinkabinenseilbahn bringt aus dem Stadtgebiet von Ischl zum Startplatz einer kurzweiligen Rundwanderung über die drei höchsten Erhebungen des Massivs: Katrin, Elferkogel und Hainzen. Blickfang bleibt wie bei allen Touren im zentralen Salzkammergut natürlich der Dachstein.

Im Anstieg von der Bergstation der Katrinbahn zum Katringipfel. Tiefblick nach Nordosten auf Bad Ischl.

Von der Katrinbahn-Bergstation über den Elferkogel auf den Hainzen: Auf Weg Nr. 895 und 898 100 m nach Südwesten zu Verzweigung. Rechts den Weg Nr. 895 über eine steile, felsig-begrünte Flanke in Kehren nach Nordwesten empor zu einer Wegteilung und geradeaus weiter zur Katrin (1542 m; 8 m hohes Metallkreuz, Sendemast). Zurück zur erwähnten Wegteilung, dort rechts und auf Weg Nr. 895 durch Latschen nach Südwesten hinauf zum Elferkogel, 1603 m. Am latschenbewachsenen Kamm, an der Abzweigung des „Südweges" vorbei, im Auf und Ab nach Westen zum grasigen Gipfel des Hainzen, 1638 m.

Vom Hainzen auf dem „Südweg" hinunter zur Katrinbahn-Bergstation: Zurück zur Rechtsabzweigung des „Südweges" und diesen (Nr. 898) nach Südosten abwärts, dann in die rechte Flanke (Südseite) des Elferkogels und dort durch felsig-begrüntes Gelände (Drahtseil, Trittsicherheit nötig!) hoch über dem Goiserer Talbecken hinunter zu einer Schulter. Auf Promenadenweg in Ostrichtung weiter, dann nach links um eine Ecke herum wieder zur Bergstation der Katrinbahn.

49 Jainzen, 835 m

Über den Dächern von Bad Ischl

Bad Ischl – Jainzen

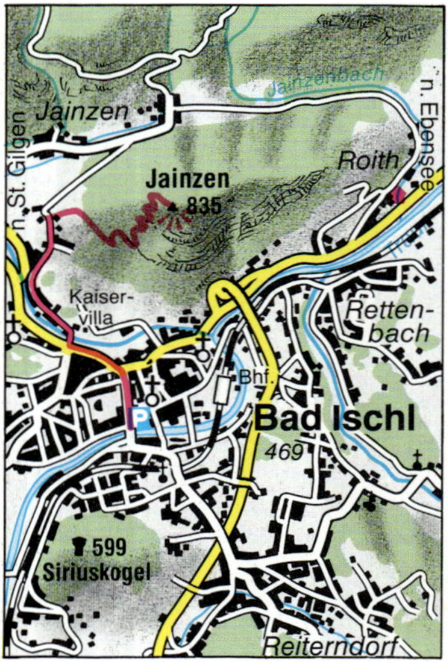

Talort: Bad Ischl, 469 m. Berühmte Kaiser-, Kur- und Operettenstadt im Zentrum des Salzkammergutes.
Ausgangspunkt: Friedrich-Schröpfer-Platz im Stadtkern von Bad Ischl.
Parkmöglichkeit: Im Stadtgebiet von Bad Ischl.
Gehzeiten: Bad Ischl – Jainzen 1¹/₄ – 1¹/₂ Std., retour ³/₄ Std.; Gesamtzeit 2 – 2¹/₄ Std.
Anforderungen: Etwas anstrengender, aber unschwieriger Steilanstieg. Einzelne Hinweistafeln, jedoch keine Markierung!
Höchster Punkt: Aussichtsterrasse (ca. 800 m) westlich unterhalb des Jainzen-Gipfels, 835 m.
Einkehrmöglichkeit: Keine.
Sehenswertes: Die Fernsicht von der Aussichtsterrasse auf Dachstein und Wolfgangsee-Berge. Eindrucksvoller Tiefblick auf Bad Ischl.
Hinweise: Der Gipfel des Jainzen ist bewaldet und bietet keine Rundsicht. An der tiefer gelegenen Aussichtsterrasse Vorsicht mit Kindern (Felsabstürze!).

Auf einer Fahrt von Strobl nach Bad Ischl erkennt man den Jainzen schon von weitem als isoliert aufragenden, ringsum bewaldeten Bergkegel. An seinem Fuß steht die berühmte Kaiservilla, Jahre hindurch Sommerresidenz Kaiser Franz Josefs. Schon für Kaiserin Elisabeth war dieser Berg beliebtes Trainingsgebiet. Auch geübten Gehern kostet der 350-Meter-Steilanstieg von Bad Ischl zur Aussichtsterrasse westlich unterhalb des Gipfels einige Schweißtropfen, doch diese Mühe hat noch keiner bereut: Über den Dächern der Kaiserstadt gewahrt man im Süden König Dachstein und im Westen Sparber, Bleckwand, Bürglstein und Zwölferhorn.

Von Bad Ischl auf den Jainzen: Vom Schröpferplatz die Wirerstraße zum Kreuzplatz, dort durch die Salzburger Straße nach links (Westen) zum Hotel Stadt Salzburg. Gleich danach rechts ab, über den Ischlbach, und jenseits zur Jainzendorfer Straße. Diese nach links zu einer Verzweigung, dann rechtshaltend, nordwärts, über Wiesen steil hinauf zu aussichtsreicher Schulter mit einigen Häusern (links der ehem. Ghf. „Sophiens Doppelblick"), ¹/₂ Std. Die Straße gegen das Jainzental kurz weiter, gleich nach

Blick von der Aussichtsterrasse des Jainzen nach Westen gegen das Wolfgangsee-gebiet.

dem letzten Haus (Haus Nr. 48) aber rechts ab und über Wiese ostwärts hinauf zum Waldrand. Auf querendem Weg nach rechts in den Wald zu einer Teilung (Tafel). Linkshaltend einen Serpentinensteig über immer steiler werdende, z. T. felsige Hänge nach Nordosten empor zu einer Verzweigung (keine Tafel) bereits in Gipfelnähe. Hier rechts, an den Hängen entlang, durch lichten Wald südostwärts hinauf zur Aussichtsterrasse (ca. 800 m, Vermessungszeichen) westlich unterhalb des bewaldeten Gipfels des Jainzen, 835 m.

Abstieg auf gleicher Route.

50 Rettenbachwildnis und Hoisenradalm, 968 m

Tosende Wasser und liebliches Almgefilde

Bad Ischl – Rettenbachwildnis – Hoisenradalm – Jubiläumssteig – Bad Ischl

Talort: Bad Ischl, 469 m. Berühmte Kaiser-, Kur- und Operettenstadt im Zentrum des Salzkammergutes.
Ausgangspunkt: Friedrich-Schröpfer-Platz im Stadtzentrum von Bad Ischl.
Parkmöglichkeit: Im Stadtgebiet.
Gehzeiten: Bad Ischl – Rettenbachwildnis – Hoisenradalm 2 – 2½ Std., Hoisenradalm – Jubiläumssteig – Bad Ischl 1½ Std.; Gesamtzeit 3½ – 4 Std.
Anforderungen: Problemlose Wanderung auf gut bez. Wegen.
Höchster Punkt: Gschwendalm, ca. 990 m.
Einkehrmöglichkeiten: Ghf. Rettenbachmühle (18 B., vom 10. Juni bis 15. Oktober offen), Ghf. Hoisenradalm (6 B., 10 L.; vom 1. Mai bis 31. Oktober geöffnet).
Sehenswertes: Die romantische, wasserdurchtoste Klamm der Rettenbachwildnis. Von der Hoisenradalm prächtiger Überblick über das Ischler Talbecken.

Ein Besuch der an den Abhängen des Ischler Salzberges, hoch über der Rettenbachschlucht gelegenen Hoisenradalm darf nicht fehlen. Wo im Umkreis gibt es lieblichere Almgefilde, prächtigere Aussichtsbalkone? Der Anstieg, an den schäumenden Wassern der Rettenbachwildnis vorbei, ist abwechslungsreich und ohne Beschwernisse.

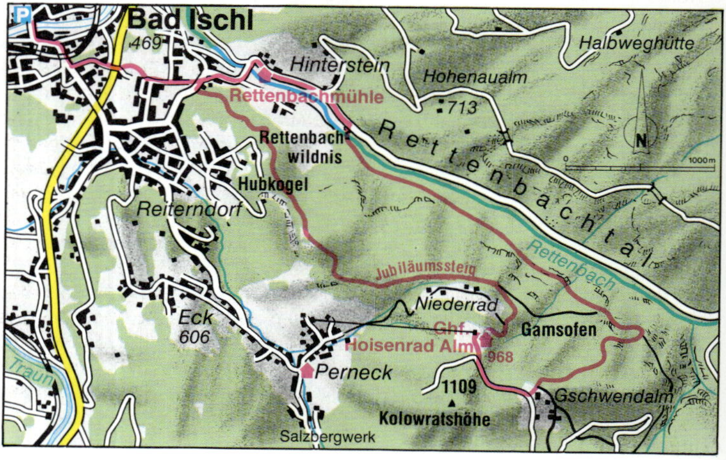

Die hoch über dem Rettenbachtal gelegene Gschwendalm.

Von Bad Ischl durch die Rettenbachwildnis zur Hoisenradalm: Vom Schröpferplatz über die Traunbrücke, dann die Grazer Straße zur Linksabzweigung des Dr.-Sterz-Weges nach einer Rechtskurve. Ihn aufwärts zur Dr.-Sterz-Straße und diese nach links (Osten), später auf Wiesenweg zu einer Anhöhe („Dr.-Sterz-Abendsitz"). Jenseits hinab zu den Häusern von Reiterndorf und zu querender Straße. Diese nach links über den Rettenbach zum Ghf. Rettenbachmühle am Eingang in das gleichnamige Tal. Die Straße ostwärts in den Wald, dort rechts ab und auf Weg hinunter in die Klamm der Rettenbachwildnis, die auf Brücke überschritten wird. Jenseits hinauf zu querendem Karrenweg. Diesen in langer Wanderung nach links (Südosten) durch den Wald aufwärts bis zur zweiten Rechtsabzweigung eines Weges zur Hoisenradalm. Ihn durch Wald südwestwärts empor zur Gschwendalm (ca. 990 m). Die querende Forststraße nach rechts (Nordwesten), später abwärts zur Hoisenradalm, 968 m.
Auf dem Jubiläumssteig zurück nach Bad Ischl: Auf Weg Nr. 242 über Wiese, dann durch Wald nach Norden (gegen das Rettenbachtal) abwärts zu einer Forststraße. Hier auf dem „Kaiser-Jubiläumssteig" (Weg Nr. 242) dem langgestreckten Waldrücken des Hubkogels folgend nach links (Nordwesten) abwärts zu einem Steinbruch und weiter, an der „Engelswand" vorbei, hinunter zur Rettenbachstraße in Reiterndorf. Nun auf bekanntem Weg zurück nach Bad Ischl.

51 Rettenbachtal

Durch einen Gebirgscañon zur Blaa-Alm

Rettenbachalm – Inneres Rettenbachtal - Blaa-Alm

Talort: Bad Ischl, 469 m. Berühmte Kaiser-, Kur- und Operettenstadt im Zentrum des Salzkammergutes.
Ausgangspunkt: Rettenbachalm, ca. 640 m. Zufahrt von Bad Ischl mit eigenem Kfz durch das Rettenbachtal auf Naturstraße, 10 km.
Parkmöglichkeit: Vor der Rettenbachalm (Brücke über den Jaglingbach).
Gehzeiten: Rettenbachalm – Blaa-Alm $1^1/_2$ Std., retour $1^1/_4$ Std.; Gesamtzeit $2^3/_4$ Std.

Anforderungen: Bequeme Wanderung auf altem Bergsträßchen (für Kfz-Verkehr gesperrt!).
Höchster Punkt: Blaa-Alm, 902 m.
Einkehrmöglichkeiten: Jst. Rettenbachalm (im Sommer offen, keine Nächtigung!), Ghf. Blaa-Alm (12 B., 38 L., vom 1. Mai bis Allerheiligen geöffnet).
Sehenswertes: Der herrliche Talboden im Bereich der Rettenbachalm. Von hier und von der Blaa-Alm Aufblick nach Osten gegen das Losermassiv.

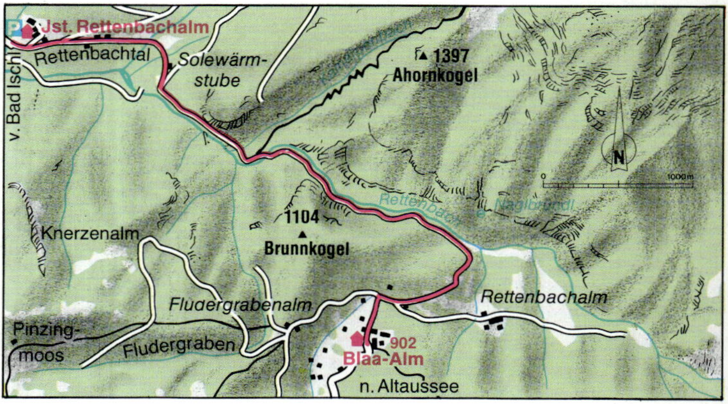

Vor Überraschungen ist man im Salzkammergut nirgends gefeit: Das voralpin-gemäßigte Landschaftsbild um die Kaiserstadt Bad Ischl läßt nicht erahnen, daß es unweit davon einen Gebirgscañon zu bestaunen gibt, das geradewegs in das Massiv des Toten Gebirges hineinführende, großartige Rettenbachtal. Die inmitten der Schlucht auf lieblichem Wiesenboden oasengleich gelegene Rettenbachalm kann von Bad Ischl her auf guter Naturstraße mit eigenem Kfz erreicht werden. Eine andere, für den öffentlichen Verkehr gesperrte Bergstraße führt von dort, am rauschenden Rettenbach entlang, zum Blaa-Alm-Sattel empor, der seinerseits einen interessanten Übergang nach Altaussee (siehe Tour 68!) ermöglicht.

Die inmitten des sonst schluchtartigen Rettenbachtales gelegenen Wiesenböden der Rettenbachalm. Im Südosten darüber das Losermassiv.

Durchs innere Rettenbachtal zur Blaa-Alm: Von der Rettenbachalm (ca. 640 m) auf Naturstraße über ebene Wiese schnurgerade nach Osten, später, an der Solewärmstube vorbei, durch Wald nach rechts (Süden) aufwärts zu einer Teilung. Geradeaus auf altem Bergsträßchen vorerst an der linken (kurzer Tunnel), dann an der rechten Seite des schluchtartigen Rettenbachtales nach Südosten aufwärts, bis das Tal nach rechts verlassen wird, 1 Std. Nun in Südwestrichtung durch schönen Nadelwald hinauf zum Wiesensattel zwischen Sandling rechts und Loser links und zu einer Verzweigung. Hier linkshaltend, südwärts, zum nahen Ghf. Blaa-Alm, 902 m. **Rückkehr** zur Rettenbachalm auf gleichem Weg.

52 Predigtstuhl, 1278 m, und Goiserer Höhenweg

Wander- und Schaugenüsse über Bad Goisern.

Berghotel Predigtstuhl – Predigtstuhl – Berghotel; Berghotel Predigtstuhl – Goiserer Höhenweg – Bad Goisern

Talort: Bad Goisern, 500 m. Luftkurort mit bekanntem Jodschwefelbad.
Ausgangspunkt: Berghotel Predigtstuhl auf Wurmstein, 973 m. Auffahrt von Bad Goisern mit Kfz (6 km) oder Sessellift (Montag und Dienstag Ruhetag, sonst Juni bis Oktober täglich von 9.00 bis 12.00 Uhr und von 13.30 bis 17.30 Uhr in Betrieb).
Parkmöglichkeit: Bei der Sessellift-Talstation in Bad Goisern sowie vor dem Berghotel Predigtstuhl.
Gehzeiten: Berghotel – Predigtstuhl – Berghotel 2 Std., Abstieg Berghotel – Goiserer Höhenweg – Bad Goisern 1½ Std.; Gesamtzeit 3½ Std.
Anforderungen: Unschwierig, jedoch Trittsicherheit und Schwindelfreiheit erforderlich.
Höchster Punkt: Predigtstuhl, 1278 m.
Einkehrmöglichkeit: Berghotel Predigtstuhl (38 B., vom 15. April bis 31. Oktober geöffnet).
Sehenswertes: Vom Predigtstuhl faszinierender Blick auf Dachstein und Hallstätter See. Sensationell die luftige Querung der Ewigen Wand auf künstlichem Felsband („Goiserer Höhenweg“).

Die Besteigung des Predigstuhls mit Rückweg nach Bad Goisern muß zu den attraktivsten Wanderungen des Salzkammergutes gezählt werden. Der Ausgangspunkt, das auf der Wiesenschulter „Wurmstein“ gelegene Berghotel Predigtstuhl, bietet für sich schon ein lohnendes Ziel. Der teilweise gesicherte Anstieg zur luftigen Felskanzel des Predigtstuhls ist unschwierig, erfordert aber Trittsicherheit. Für den Talabstieg nach Bad Goisern wählen wir den „Goiserer Höhenweg“. Auf ihm werden die lotrechten Abstürze der Ewigen Wand auf breitem, aus dem Fels gesprengtem Band gequert – eine im Salzkammergut einzigartige Passage.

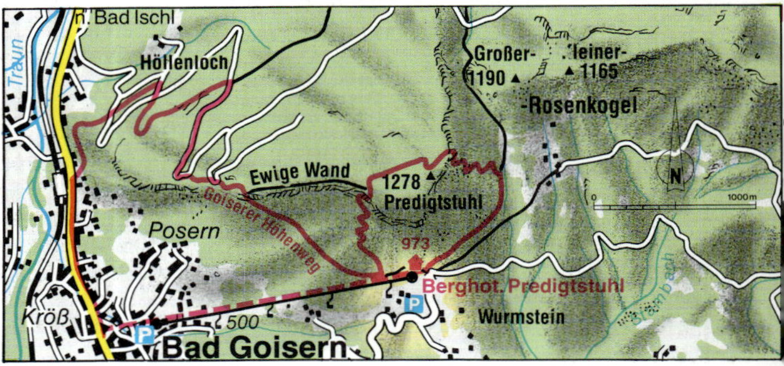

Der Goiserer Höhenweg führt mitten durch die lotrechten Abstürze der Ewigen Wand.

Vom Berghotel auf den Predigtstuhl: Kurz nach Norden hinauf zu einer Forststraße und diese nach links zu Verzweigung. Rechtshaltend weiter, dann auf dem Radsteig (Weg Nr. 246) rechts ab und durch Wald in steilen Kehren nordwärts hoch, schließlich eine 50 m hohe Wand (Drahtseile) empor zum Sattel westlich des Predigtstuhls. Jenseits durch Wald nach rechts aufwärts an den Nordrücken und rechtshaltend über ihn, zuletzt über steile Felsen empor zum Gipfel (Buch), 1¹/₄ Std.

Rückweg zum Berghotel: Die Gipfelfelsen wieder hinunter, dann am Nordrücken weiter in eine Scharte. Hier durch Wald in Kehren steil nach rechts (Osten) hinab zu einer Forststraße und diese rechtshaltend zurück zum Berghotel.

Vom Berghotel den „Goiserer Höhenweg" hinunter nach Bad Goisern: Kurz nach Norden empor zu Forststraße und diese nach links zu Verzweigung. Links auf Karrenweg durch Wald nach Westen abwärts zur ersten Linkskehre. Bald danach rechts ab und vor gegen die Steilabstürze der Ewigen Wand. Auf Horizontalband (mehrere Tunnels) quer durch die lotrechte Wand zu einer Bergkante. Jenseits nach rechts, sodann durch Wald (Forststraßen) westwärts hinab zur Bundesstraße Nr. 145. Auf ihr in Südrichtung nach Bad Goisern.

53 Hütteneckalm, 1240 m

Altrenommierte Aussichtsloge gegenüber Kalmberg und Dachstein

Berghotel Predigtstuhl – Roßmoosalm – Hütteneckalm

Talort: Bad Goisern, 500 m. Luftkurort mit bekanntem Jodschwefelbad.
Ausgangspunkt: Berghotel Predigtstuhl auf Wurmstein, 973 m. Auffahrt von Bad Goisern mit Kfz (6 km) oder Sessellift (Montag und Dienstag Ruhetag, sonst Juni bis Oktober täglich von 9.00 bis 12.00 Uhr und von 13.30 bis 17.30 Uhr in Betrieb).
Parkmöglichkeit: Bei der Sessellift-Talstation in Bad Goisern sowie vor dem Berghotel Predigtstuhl.
Gehzeiten: Berghotel Predigtstuhl – Hütteneckalm 1¼ – 1½ Std., retour 1 Std.; Gesamtzeit 2¼ – 2½ Std.
Anforderungen: Problemlose Wanderung auf gut bez. Wegen.
Höchster Punkt: Schulter westlich der Zwerchwand, 1259 m.
Einkehrmöglichkeiten: Berghotel Predigstuhl (38 B., vom 15. April bis 31. Oktober geöffnet), Ghf. Hütteneck (15 L., von Mai bis Oktober offen).
Sehenswertes: Von der Hütteneckalm einzigartige Schau auf Dachstein und Hallstätter See.

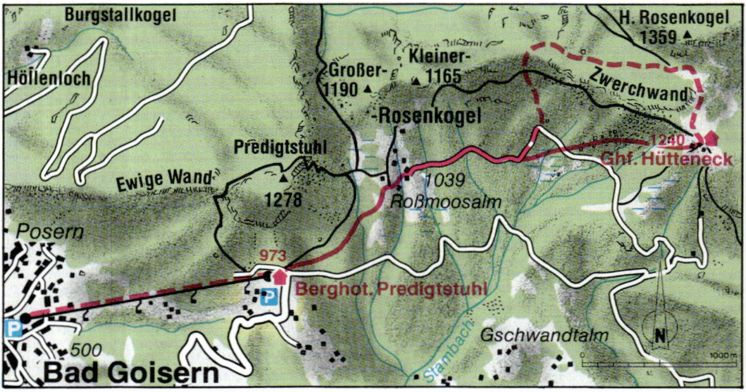

Was die Gößler Alm (Tour 73) für das steirische Salzkammergut, das ist die Hütteneckalm für den oberösterreichischen Anteil – ein Ort erlesener alpiner Schönheit. Den Prachtblick auf Hallstätter Gletscher und Dachstein hat schon der Biedermeier-Maler Ferdinand Waldmüller in einem seiner Bilder verewigt. In zwei Dingen ist die Hütteneckalm ihrem steirischen Pendant überlegen: Sie kann ohne allzu große Anstiegsmühen erreicht werden und bietet außerdem die Annehmlichkeit eines bewirtschafteten Stützpunktes. Der direkt zu ihr emporführende Wanderweg wurde in den 70er Jahren im Bereich der Zwerchwand durch einen Felssturz verschüttet und erst in letzter Zeit wieder gangbar gemacht.

Die Hütteneckalm mit dem bekannten Dachsteinblick.

Vom Berghotel Predigtstuhl zur Hütteneckalm: Auf Weg nach Osten zu einer Naturstraße, die bei Kehre erreicht wird. Auf ihr 100 m bergwärts, dann rechts dem Fahrweg Nr. 247 zur Roßmoosalm folgen. Bei Teilung geradeaus und steil nach Nordosten gegen die Zwerchwand empor. Noch vor der Bergsturzzone Wegteilung (Tafeln). Entweder auf dem Weg unterhalb der Wand geradeaus über Felsblöcke (Steinschlaggefahr!) hinauf zur Hütteneckalm oder auf dem Steig links ab nach Norden empor zur Schulter (1259 m) westlich der Zwerchwand. Jenseits nach rechts in die Nordseite und dort durch Buschwerk und Wald (Vorsicht auf verdeckte Dolinen und Schächte!) ostwärts gegen den Sattel zwischen Hinterem Rosenkogel und Zwerchwand. An bewaldeten Hängen entlang nach rechts (Süden) abwärts, schließlich über Wiesen in Südostrichtung hinauf zur Hütteneckalm, 1240 m.
Rückkehr auf gleichem Weg.

54 Jochwand und Hochmuth

Ein neu zu entdeckendes Kleinod über Bad Goisern

Bad Goisern – Jochwand – Gasthof Hochmuth – Jochwand – Weißenbach – Traunreiterweg – Bad Goisern

Talort: Bad Goisern, 500 m. Luftkurort mit bekanntem Jodschwefelbad.
Ausgangspunkt: Hotel Post im Zentrum.
Parkmöglichkeit: Im Ortsgebiet.
Gehzeiten: Bad Goisern – Jochwand – Ghf. Hochmuth 1¾ Std., Abstieg Ghf. Hochmuth – Weißenbach 1 Std., Rückweg Weißenbach – Bad Goisern ¾ Std.; Gesamtzeit 3½ Std.
Anforderungen: Unschwierige Wanderung auf Naturstraßen oder unbez. Wegen.
Höchster Punkt: Ghf. Hochmuth, 882 m.
Einkehrmöglichkeiten: Ghf. Hochmuth (ganzj. offen, Montag Ruhetag; keine Nächtigung!), mehrere Gasthöfe in Weißenbach.
Sehenswertes: Vom Aussichtspavillon der Jochwand herrlicher Überblick über das Goiserer Talbecken. Von Weißenbach aus Besichtigungsmöglichkeit der bekannten Chorinskyklause (siehe Anhang!).

Zu den klassischen, wenn auch in den letzten Jahrzehnten eher vernachlässigten Gegenden des zentralen Salzkammergutes gehört das Wandergebiet Jochwand / Hochmuth an der Westseite des Goiserer Talbeckens. Das bezeugen einige verfallene Wege ebenso wie das stillgelegte Restaurant am Gipfel der Jochwand. Sicherlich haben Straße und Sesselbahn auf den gegenüberliegenden Predigtstuhl, aber auch der allgemeine Trend nach immer höheren, attraktiveren und dabei bequemer erreichbaren Zie-

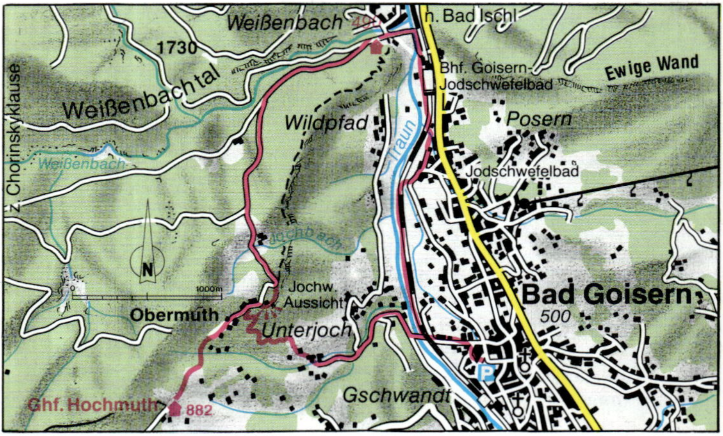

Im Anstieg von der Jochwand zum Gasthof Hochmuth. Rückblick auf Obermuth.

len zu dieser Vernachlässigung beigetragen. Der hier vorgestellte Rundwanderweg gibt Gelegenheit, dieses reizvolle Gebiet neu zu entdecken und seine Schönheiten aufzuspüren.

Von Bad Goisern über die Jochwand zum Ghf. Hochmuth: Vom Hotel Post die Ortsstraße 50 m nach Norden zur Linksabzweigung des Jochwandweges. Auf ihm westwärts zur Traun (Sophienbrücke) und jenseits eine Asphaltstraße nach rechts in den Rassinggraben. Wo ihn die Straße wieder nach rechts verläßt auf Natursträßchen im Graben weiter zu einer Teilung und auch hier geradeaus (bei den folgenden Verzweigungen stets rechts halten!) zum Hof Unterjoch, ca. 570 m. Auf Weg zunächst über eine Wiese, dann durch Wald in Kehren steil nach Nordwesten empor zur Kammhöhe der Jochwand mit querender Forststraße (auf ihr kurz nach rechts, dann rechts abzweigend zum Aussichtspavillon Jochwand, 800 m). Die Straße durch Wald nach links (Südwesten) zur Obermuth-Wiese mit Häusern. Nun auf Weg abwechselnd durch Wald und über Wiesen nach Südwesten empor zum Ghf. Hochmuth, 882 m.

Abstieg vom Ghf. Hochmuth nach Weißenbach: Zurück zur Jochwand und die Forststraße nach Norden weiter abwärts in das waldreiche Weißenbachtal und nach Weißenbach, 490 m.

Rückweg nach Bad Goisern: Auf Straße ostwärts über die Traun. Gleich nach der Brücke rechts, südwärts, durch das Bahnhofsgelände, dann auf dem prachtvollen Traunreiterweg, links an der Traun entlang, zur Sophienbrücke und zurück nach Bad Goisern.

55 Soleleitungsweg

Vergnügliche Wanderstunden entlang der ältesten Pipeline der Welt

Bad Goisern – Soleleitungsweg – Salzberg – Hallstatt – zurück mit Schiff und Bahn nach Bad Goisern

Talorte: Bad Goisern, 500 m, Luftkurort mit bekanntem Jodschwefelbad.
Hallstatt, 511 m, uralter Bergmannsort am Westufer des Hallstätter Sees.
Ausgangspunkt: Volksschule im Ortszentrum von Bad Goisern.
Parkmöglichkeit: Im Ortsgebiet von Bad Goisern.
Gehzeit: Bad Goisern – Hallstätter Salzberg 3 – 3½ Std.
Anforderungen: Lange, aber unschwierige Wanderung. Schwindelfreiheit nötig!
Höchster Punkt: Ghf. Rudolfsturm am Hallstätter Salzberg, 855 m.
Einkehrmöglichkeit: Ghf. Rudolfsturm (vom 1. Mai bis 15. Oktober offen, keine Nächtigung!).
Sehenswertes: Am Salzberg das Gräberfeld aus der Hallstatt-Zeit (900 bis 500 v. Chr.) sowie das Salzbergwerk. Eindrucksvoller Tiefblick vom Ghf. Rudolfsturm auf Hallstatt und See.

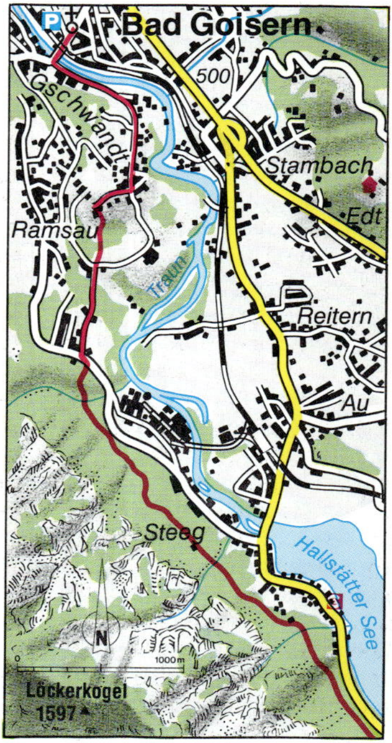

Tiefblick vom Rudolfsturm auf Hallstatt und See.

Die 40 km lange Soleleitung vom Hallstätter Salzbergwerk wurde 1607 eröffnet, sie beschert ein unvergeßliches Wandererlebnis.

Von Bad Goisern auf den Hallstätter Salzberg: Die Ramsau-Straße südwärts über Bahn und Traun zu querender Straße im Ortsteil Gschwandt. Diese nach links der Traun entlang, dann im Rechtsbogen hinauf zur Wiesenterrasse von Ramsau. An Villen vorbei nach Süden, später unter die Felsabstürze des Zwölferkogels (Kalmberggruppe). Nun auf Promenadenweg (Nr. 801) durch Wald nach Südosten zur Abzweigung des Weges nach Steeg, 1¼ Std. Geradeaus und bald auf herausgesprengter Weganlage mitten durch senkrechte Wände zur 43 m hohen Brücke über das Gosautal („Gosauzwang"), 1¾ – 2 Std. An den bewaldeten Hängen entlang weiter aufwärts, dann hoch über dem Hallstätter See, an Wasserfällen vorbei, quer durch die steilen Flanken des Schneidkogels (Vorsicht!) zur Linksabzweigung des Weges nach Hallstatt, 2½ – 3 Std. Den Soleweg nun aufwärts in die Mühlbachschlucht („Hölle"). An ihrer rechten Seite über Stufen nach Westen empor, später links über den Mühlbach und durch Wald südwärts hinauf zum Hallstätter Salzberg. Linkshaltend über Treppen weiter aufwärts zum Ghf. Rudolfsturm, 855 m.

Rückreise nach Bad Goisern: Mit der Salzberg-Standseilbahn (vom 1. Mai bis 15. Oktober täglich von 9.30 bis 15.00 Uhr, vom 1. Juni bis 15. September bis 16.30 Uhr in Betrieb) hinab nach Lahn und zu Fuß in das Zentrum von Hallstatt (Evangelische Kirche). Überfahrt mit dem Schiff zum Bahnhof Hallstatt am Ostufer, sodann mit dem Zug retour nach Bad Goisern.

56 Hallstätter-See-Ostuferweg

Ein Wandervergnügen für jung und alt

Gasthof Tuscher – Ostuferweg – Bahnstation Hallstatt – zu Fuß oder mit der Bahn zurück

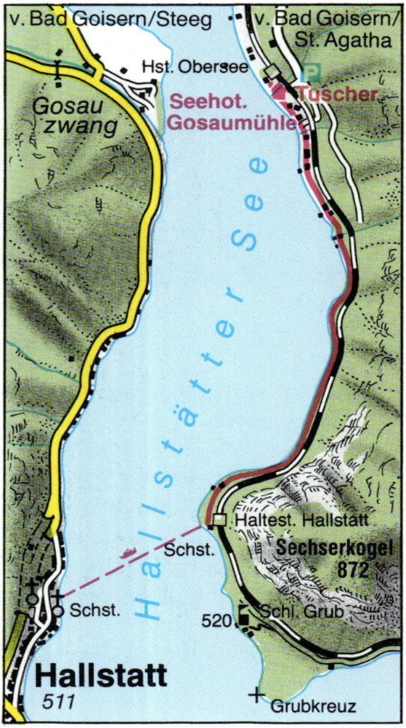

Talort: Bad Goisern, 500 m, Luftkurort mit bekanntem Jodschwefelbad.
Ausgangspunkt: Ghf. Tuscher (ca. 515 m) am Ostufer des Hallstätter Sees, nahe der Bahnstation Obersee. Zufahrt mit eigenem Kfz auf Bundesstraße Nr. 145 nach St. Agatha, dort rechts und durch die Orte Unter- und Obersee, dann am Westabhang des Sarsteins entlang nach Süden zu einem Parkplatz, 8 km von Bad Goisern. Nun zu Fuß nach rechts (Westen) hinab zum Seeufer mit dem Ghf. Tuscher.
Parkmöglichkeit: Parkplatz beim Ghf. Tuscher.
Gehzeiten: Ghf. Tuscher – Bahnstation Hallstatt ¾ – 1 Std., retour ¾ – 1 Std.; Gesamtzeit 1½ – 2 Std. Rückkehr zum Ausgangspunkt auch mit der Bahn möglich (Achtung, nicht alle Züge halten in Obersee!).
Anforderungen: Bequeme Wanderung.
Höchster Punkt: Bahnstation Hallstatt, ca. 520 m.
Einkehrmöglichkeiten: Ghf. Tuscher (vom 1. Mai bis 30. September offen, keine Nächtigung!), daneben das Wanderweg-Stüberl (vom 1. März bis 31. Oktober geöffnet, keine Nächtigung!), Buffett an der Bahnstation Hallstatt.
Sehenswertes: Holzstege und Hängebrücke im südlichen Abschnitt des Ostuferweges.

Ebenso zahlreich wie die Seen des Salzkammergutes sind auch ihre herrlichen Uferwege, deren Würdigung und Beschreibung ein ganzes Buch füllen könnte. Von ganz besonderem Reiz ist der erst 1986 fertiggestellte Hallstätter-See-Ostuferweg. Er hat als Glanzstück eine am steilen Felsufer verankerte, gegen den See vorspringende Steganlage mit lustig schwingender Hängebrücke zum Schluß. Schwierigkeiten gibt es keine; es ist eine Ufer-Wanderung mit Komfort, bei der die Rückkehr zum Ausgangspunkt, sofern man sie nicht zu Fuß antreten will, durch die im Sommer im Halbstundenintervall verkehrenden Züge der Bahnlinie Attnang-Puchheim – Stainach-Irdning gesichert ist.

Am Hallstätter-See-Ostuferweg.

Vom Ghf. Tuscher auf dem Ostuferweg zur Bahnstation Hallstatt: Zwischen Seeufer und Bahn auf Kiesweg über Wiesen, an einzelnen Häusern vorbei, im Auf und Ab nach Süden, später im Wald (Bademöglichkeit!) weiter zum Beginn des steilen südlichen Ufer-Abschnitts. Hier auf breiten, gegen den See vorkragenden Holzstegen, eine weite Bucht im Rechtsbogen ausgehend, westwärts zu origineller Hängebrücke, dem Höhepunkt der Wanderung. Auf Stegen in Westrichtung weiter, dann um eine Ecke herum zu der auf einer Halbinsel gelegenen Bahnstation Hallstatt, ca. 520 m.
Rückkehr entweder zu Fuß auf bekannter Route oder mit der Bahn zur Station Obersee und weiter zum Ghf. Tuscher.

57 Waldbachstrub und -ursprung

Zu den Wundern des Echerntales

Hallstatt / Lahn – Gasthof Dachsteinwarte – Waldbachstrub – Gangsteig – Waldbachursprung – Gasthof Dachsteinwarte – Lahn

Talort: Hallstatt, 511 m. Uralter Bergmannsort am Westufer des Hallstätter Sees.
Ausgangspunkt: Lahn (südlicher Ortsteil von Hallstatt).
Parkmöglichkeit: Im Ortsbereich.
Gehzeiten: Lahn – Waldbachstrub 1 Std., Waldbachstrub – Waldbachursprung 1 – 1¼ Std., retour nach Lahn 1 Std.; Gesamtzeit 3 – 3¼ Std.
Anforderungen: Unschwiering. Am Gangsteig sind Trittsicherheit, Schwindelfreiheit sowie trockenes Wetter nötig.
Höchster Punkt: Waldbachursprung, 948 m.
Einkehrmöglichkeit: Ghf. Dachsteinwarte (16 B., vom 1. Mai bis 30 . September offen).
Sehenswertes: Das waldreiche, vom Rauschen der Wasser erfüllte herrliche Echerntal.
Hinweis: Bei Anreise mit Kfz zum Ghf. Dachsteinwarte (2 km ab Lahn) insgesamt ¾ Std. Zeitersparnis.

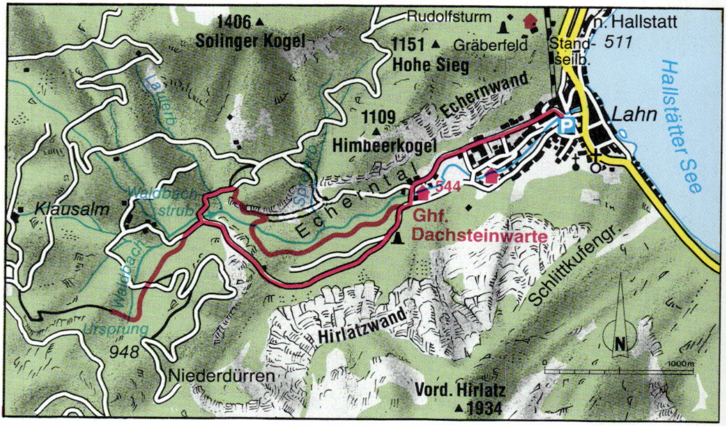

Das im Westen des Hallstätter Sees cañonartig in die Dachsteinmasse eingehauene Echertal mit seinen herrlichen Wäldern und großartigen Wasserfällen hat schon im vorigen Jahrhundert Schriftsteller und Maler wie Adalbert Stifter und Ferdinand Waldmüller angelockt.

Von Hallstatt / Lahn zum Waldbachstrub: Vom Saline-Verwaltungsgebäude auf Straße kurz nach Westen zu einer Teilung. Rechts den Echerntalweg (Nr. 641), an Häusern vorbei, in den Wald zum imposanten Kreuzstein, später über Wiesen, am Waldbach entlang, zum Ghf. Dachstein-

Der Waldbachtrub-Wasserfall im inneren Echerntal.

warte, 544 m. Links über den Bach zum Parkplatz am Ende der Straße von Lahn her. Rechts ab und auf dem Malerweg neben dem Waldbach talein unter die Mitterwand, später wieder über den Bach nach rechts zum Echerntalweg. Diesen nach links (Westen) hinauf zur Rechtsabzweigung des Gangsteiges und gerade weiter zum Waldbachstrub mit dem durch eine enge Klamm herabstürzenden, 95 m hohen Strubfall.

Vom Waldbachstrub zum Waldbachursprung: Zurück zur Abzweigung des Gangsteiges (Nr. 641) und diesen durch Wald empor, dann die lotrechte Echernwand über ein steiles Felsband (Stufen, Geländersicherung) nach links hinauf und durch Wald nach Norden zur Salzberg-Forststraße. Diese links abwärts zur Steinbrücke über den Waldbachstrub und jenseits zur Echerntal-Forststraße. Auf ihr neben dem Waldbach 150 m nach rechts, dann auf Weg Nr. 601 und 613 links die bewaldeten Hänge nach Süden hinauf zu einer Teilung. Auf Weg Nr. 613 rechts weiter, zuletzt vom Weg ab und rechts hinunter zur Riesenquelle des Waldbachursprungs, 948 m.

Rückweg nach Lahn: Zurück zur Waldbachstrub-Steinbrücke. An der rechten Talseite die Forststraße weiter abwärts, später durch die Mitterwand (Tunnel) und über den Dürrenbach, schließlich unterhalb der Hirlatzwand die bewaldeten Hänge hinab in das Echerntal und zum Parkplatz am Ende der Straße von Lahn her. Auf bekanntem Weg zurück nach Lahn.

58 Simonyhütte, 2206 m

Bekannter Bergsteigerstützpunkt in der Hochregion des Dachsteins

Dachsteinbahn – Station Krippeneck – Oberfeld – Taubenkar – Simonyhütte

Talort: Obertraun, 511 m. Im Osten des Hallstätter Sees gelegener Ferienort.
Ausgangspunkt: Station Krippeneck der Dachsteinbahn, ca. 1800 m. Talstation (ca. 600 m) am Nordostfuß des Krippensteins, 3.5 km von Obertraun. Betrieb vom 1. Mai bis 16. Oktober täglich von 8.40 bis 16.40 Uhr, zur Hauptsaison bis 17.50 Uhr.
Parkmöglichkeit: Großparkplatz an der Talstation der Dachsteinbahn.
Gehzeiten: Station Krippeneck – Simonyhütte 3 – 3½ Std., retour 2¼ – 2½ Std.; Gesamtzeit 5¼ – 6 Std.
Anforderungen: Anstrengende, aber unschwierige Tagestour. Nur für erfahrene Bergwanderer. Bei Schlechtwetter entschieden abzuraten!
Höchster Punkt: Simonyhütte, 2206 m.
Einkehrmöglichkeit: Simonyhütte (18 B., 88 L.; von Pfingsten bis 11. Oktober offen), Schilcherhaus (60 B., vom 15. Juni bis 20. Oktober offen).
Hinweise: Die letzte Gondel der Dachsteinbahn fährt ab Krippeneck im Hochsommer um 17.30 Uhr (sonst Nächtigung im nahen Schilcherhaus!). Der Militärstützpunkt Oberfeld kann von Obertraun auch direkt mit der Gjaidbahn (von 7.45 bis 11.30 Uhr und von 12.30 bis 16.15 Uhr ganzj. in Betrieb; ca ½ Std. Zeitersparnis) erreicht werden.

Den gewaltigen Schluß-Apotheosen in den Symphonien Anton Bruckners, dem großen oberösterreichischen Komponisten aus Ansfelden, vergleichbar, bildet der in gleißender Gletscherpracht über dem südlichen Salzkammergut aufragende Dachstein den Abschluß und Höhepunkt des ganzen Gebietes. Ein Ausflug in die hochalpine Region der Gruppe ist daher unbe-

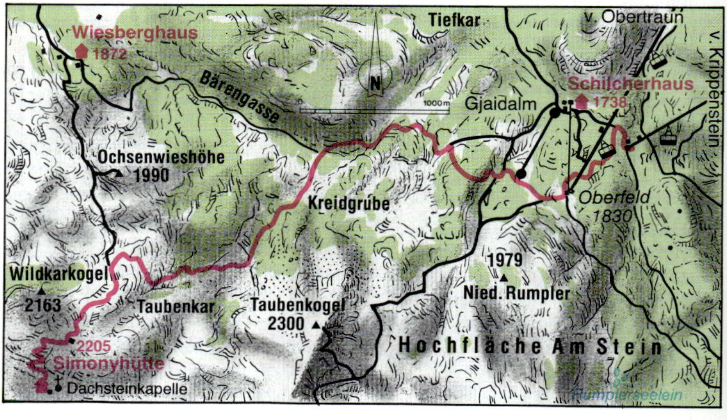

Die Simonyhütte.

dingtes „Muß“ für jeden Besucher. Die lange Wanderung von der Dachsteinbahn-Station Krippeneck über die Karrenhochfläche „Am Stein“ zur Simonyhütte ist von beeindruckender Schönheit und vermittelt unvergeßliche Ausblicke auf Hallstätter Gletscher und König Dachstein. Die Tour ist unschwierig, aber anstrengend. Bergsteigerische Erfahrung, Ausdauer und günstige Wetterverhältnisse sind unbedingt nötig.

Von der Dachsteinbahn-Station Krippeneck zur Simonyhütte: Auf Karrenweg westwärts zu einer Teilung und linkshaltend in Windungen nach Südwesten hinauf zum Militärstützpunkt Oberfeld (1830 m), 15 Min. Nun auf Weg Nr. 650 und 654 westwärts, an mehreren Abzweigungen vorbei, im Auf und Ab über die latschenbewachsene Karrenhochfläche zu wichtiger Verzweigung, 1½ Std. Hier links und auf Weg Nr. 650 nach Süden abwärts in eine grüne Mulde (Kreidgrube), dann über begrünte Karrenfelsen, an malerischen Zirben vorbei, südwärts weiter, schließlich nach rechts (Westen) abwärts in die Dolinenmulde des Taubenkares. Jetzt über eine sehr steile schrofige Rampe mühsam nach Südwesten aufwärts zum querenden breiten Weg Nr. 601 von Hallstatt her, 2½ – 3 Std. Auf ihm nach links (Süden) über Karrenplatten aufwärts, dann von rechts her über einen letzten steilen Felsaufschwung in Kehren empor zur Simonyhütte, 2206 m.
Rückkehr auf bekannter Route.

ronner Kreuz, ca. 1990 m

ein in die Einsamkeit der Dachstein-Hochfläche

-Station Krippenstein – Heilbronner Kreuz

Talort: Obertraun, 511 m. Im Osten des Hallstätter Sees gelegener Ferienort.
Ausgangspunkt: Station Krippenstein der Dachsteinbahn, ca. 2070 m. Talstation (ca. 600 m) am Nordostfuß des Krippensteins, 3,5 km von Obertraun. Betrieb vom 1. Mai bis 16. Oktober täglich von 8.40 bis 16.40 Uhr, zur Hauptsaison bis 17.50 Uhr.
Parkmöglichkeit: Großparkplatz an der Talstation der Dachsteinbahn.
Gehzeiten: Station Krippenstein – Heilbronner Kreuz 1 Std., retour 1¼ Std.; Gesamtzeit 2¼ Std.
Anforderungen: Leichte Wanderung auf stets breitem Weg. Nur bei nebelfreiem Wetter ratsam und lohnend.
Höchster Punkt: Dachsteinbahn-Station Krippenstein, ca. 2070 m
Einkehrmöglichkeiten: Berghotel Krippenstein (82 B., mit der Seilbahn geöffnet), Schutzhütte Krippenstein (40 B., vom 1. Juni bis 16. Oktober offen).
Sehenswertes: Von der Dachsteinbahn-Station Schönbergalm lohnender Besuch der Dachstein-Rieseneishöhle und der Mammuthöhle. Vom Gipfel des Krippensteins (15 Min. ab Bergstation) überwältigende Schau auf Hallstätter Gletscher und Dachstein.

Daß im unübersichtlichen Gelände der Dachstein-Hochfläche der Alpinerfahrung, vor allem der richtigen Einschätzung des Wettergeschehens, große Bedeutung zukommt, daß unter Umständen hier schon ein kleiner Fehler katastrophale Folgen haben kann, beweist die Tragödie von Ostern 1954, bei der 13 junge Heilbronner Skibergsteiger in einem heftigen Schneesturm ihr Leben lassen mußten. An schönen Sommertagen pilgern vom Krippenstein her oft Hunderte zum Ort des Geschehens, den ein gro-

Am Weg vom Krippenstein zum Heidelberger Kreuz mit Blick nach Südwesten auf Gjaidstein und Dachstein.

ßes, weithin sichtbares Kreuz markiert. Der breite Wanderweg dorthin ist bei halbwegs gutem Wetter kaum zu fehlen und vermittelt einen instruktiven Einblick in die trostlose Hochgebirgseinöde des Dachstein-Plateaus.
Von der Dachsteinbahn-Station Krippenstein zum Heilbronner Kreuz: Kurz nach Südwesten zu einer Verzweigung und linkshaltend eine geröllige Abfahrtstrasse (Weg Nr. 661) hinunter in eine Senke. Nun auf bez. Fahrweg die gemuldete, latschenbewachsene Karrenhochfläche in Südostrichtung aufwärts zum querenden Weg Nr. 662. Geradeaus nun quer durch die felsige Nordseite des Margschierf, dann das unübersichtliche Karrenplateau (zwei Unterstandshütten für Notfälle) eben oder sanft abwärts nach Südosten zum Heilbronner Kreuz, ca. 1990 m.
Rückkehr auf gleichem Weg.

60 Vorderer und Hinterer Gosausee

Alpen-Goldaugen und Dachsteinglanz

Parkplatz – Vorderer Gosausee – Hinterer Gosausee – Hintere Seealm – zurück zum Parkplatz

Talort: Gosau, 730 m. Aufstrebende Fremdenverkehrsgemeinde im Gosautal.
Ausgangspunkt, Parkmöglichkeit: Großparkplatz beim Vorderen Gosausee (940 m), 7 km vom Ort Gosau.
Gehzeiten: Parkplatz – Hintere Seealm 1¾ – 2¼ Std., retour 1¾ Std.; Gesamtzeit 3½ – 4 Std.
Anforderungen: Lange, aber einfache Wanderung auf breiten Wegen.
Höchster Punkt: Hintere Seealm, ca. 1160 m.
Einkehrmöglichkeiten: Ghf. Gosausee (50 B., vom 1. November bis 15. Dezember geschlossen, sonst immer offen), Seeklausalm (im Sommer geöffnet, keine Nächtigung!), Hintere Seealm (8 B., 16 L.; vom 1. Juni bis 30. September geöffnet).
Sehenswertes: Der Blick vom Norduferweg des Vorderen Gosausee zum Dachstein – ein Glanzstück der Ostalpen!
Hinweis: Das Wasser des Vorderen Gosausees wird zur Stromgewinnung genutzt. Deshalb die oft extrem niedrigen Wasserstände im Frühjahr und Herbst!

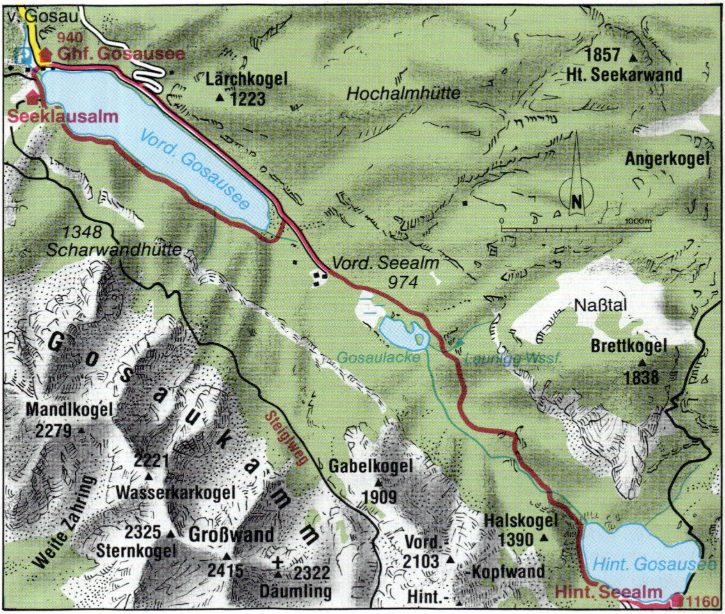

Morgenstimmung am Vorderen Gosausee.

Der Abschluß des Gosautales, vor allem die Gegend um den Vorderen Gosausee, zählt zu den großartigsten Bergräumen der Ostalpen. Wie da der gletschergepanzerte Dachstein aus den dunklen Fluten des Sees emporwächst, das ist in der Tat einmalig! Die Seenlandschaft des Salzkammergutes erfährt hier ihre hochalpine Vollendung. Der weiter talein, in einem monumentalen Felskessel zu Füßen des Dachsteins gelegene Hintere See beeindruckt vor allem durch die wilde Bergnatur seiner Umgebung.

Vom Parkplatz zur Hinteren Seealm: Auf Weg Nr. 614 am Nordufer des Vorderen Gosausees zum See-Ende und zu einer Verzweigung. Hier geradeaus und durch Wald zum Talboden um die Vordere Seealm (974 m; auch „Vordere Holzmeisteralm"), dann an Gosau-Lacke (mitunter ausgetrocknet), Launigg-Wasserfall und Brandsee vorbei zu einer Steilstufe. Über sie empor und weiter zum Hinteren Gosausee, 1154 m. Am rechten Ufer (Südufer) weiter zur idyllisch gelegenen Hinteren Seealm (ca. 1160 m; auch „Hintere Holzmeisteralm").

Rückweg zum Parkplatz am Vorderen Gosausee: Zurück zur Verzweigung kurz vor Erreichen des Vorderen Gosausees. Links ab und auf dem Süduferweg, an der malerischen Seeklausalm vorbei, wieder zum Nordwestende des Vorderen Gosausees mit Gasthof und Parkplatz.

ʳer Ebenalm, 1157 m

e vor bizarrer Hochgebirgskulisse

ᵤerer Gosausee – Goiserer Ebenalm

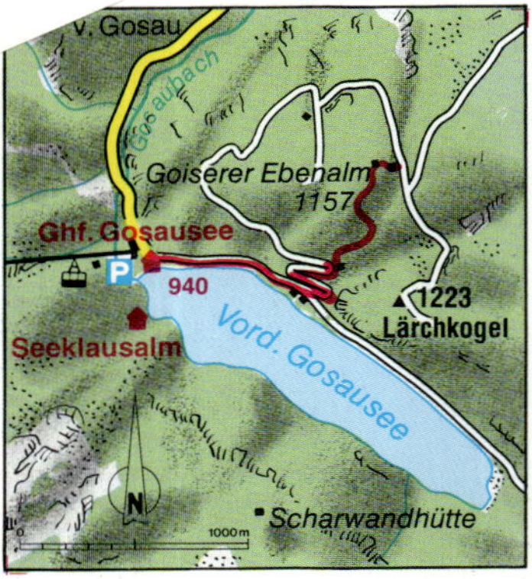

Bild rechts: Die romantisch gelegene Goiserer Ebenalm mit dem wildgezackten Gosaukamm darüber.

Talort: Gosau, 730 m. Aufstrebende Fremdenverkehrsgemeinde im Gosautal.
Ausgangspunkt, Parkmöglichkeit: Großparkplatz beim Vorderen Gosausee (940 m), 7 km vom Ort Gosau.
Gehzeiten: Parkplatz Vorderer Gosausee – Goiserer Ebenalm ¾ – 1 Std., retour ½ – ¾ Std.; Gesamtzeit 1¼ – 1¾ Std.
Anforderungen: Problemlose Wanderung auf Forststraßen oder gut bez. Wegen.
Höchster Punkt: Goiserer Ebenalm, 1157 m.
Einkehrmöglichkeit: Ghf. Gosausee (50 B., vom 1. November bis 15. Dezember geschlossen, sonst immer offen).
Sehenswertes: Vom Vorderen Gosausee berühmter Dachsteinblick – ein Glanzpunkt der Ostalpen! Von der Goiserer Ebenalm eindrucksvolle Schau auf die phantastischen Türme und Zacken des Gosaukammes (besonders schön am Vormittag!).

Daß neben landschaftlichen Superlativen oft andere, kaum weniger reizvolle Gebiete übersehen werden, zeigt das Kleinod der Goiserer Ebenalm bei Gosau. Die vielbewunderte Szenerie des gletschergeschmückten Dachsteins über dem tiefblauen Gosausee läßt vergessen, daß in unmittelbarer Nähe ein kleines Stück Erdenparadies seiner Entdeckung harrt. Wer die geringe Mühe des kaum einstündigen Anstiegs zu der auf einer Bergschulter nördlich überm Gosausee gelegenen Ebenalm nicht scheut, wird reichlich belohnt: Von nirgendwo sonst präsentiert sich das Türmelabyrinth des Gosaukammes in solcher Schönheit als von dieser Wiesenoase!
Vom Parkplatz am Vorderen Gosausee zur Goiserer Ebenalm: Den vielbegangenen Weg Nr. 614 am Nordufer des Vorderen Gosausees entlang zur Linksabzweigung einer Forststraße (Weg Nr. 607), 10 Min. Die Straße durch Wald in Kehren nach Nordosten empor zur Rechtsabzweigung von Weg Nr. 607, 20 Min. Diesen in Nordostrichtung steil aufwärts zu bewaldeter Bergschulter und über sie zur idyllischen Waldblöße der Goiserer Ebenalm (1157 m, nicht bewirtschaftet!) mit zwei malerischen Holzhütten.
Abstieg auf gleicher Route.

62 Zwieselalmhöhe, 1587 m

Im Sonnenglast vor Dachstein und Tauern

Parkplatz Vorderer Gosausee – Gosaukammbahn – Gablonzer Hütte – Zwieselalmhöhe – Herrenweg – Gosau – mit Bus zurück

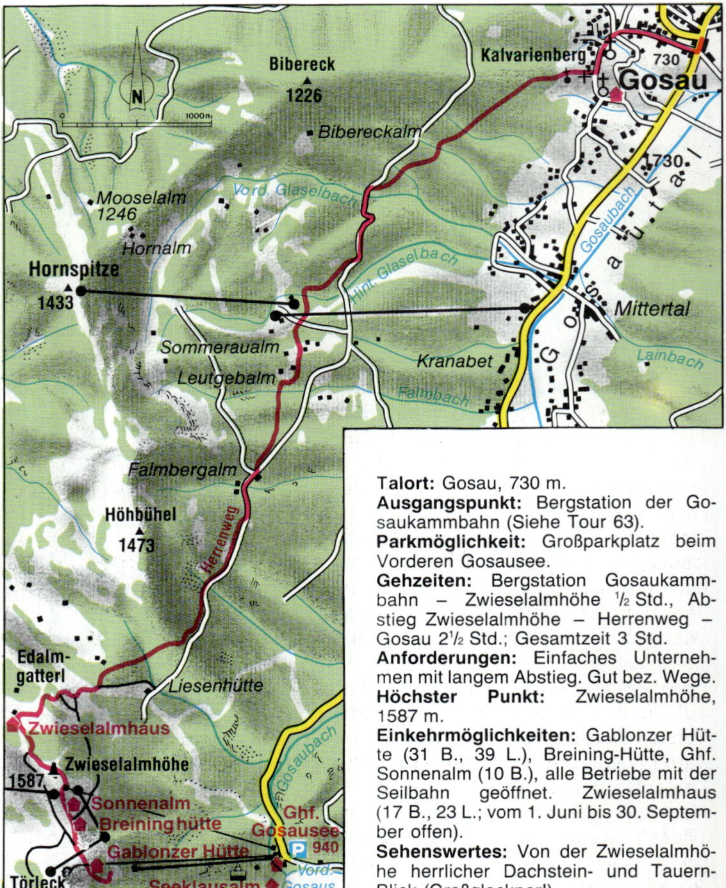

Talort: Gosau, 730 m.
Ausgangspunkt: Bergstation der Gosaukammbahn (Siehe Tour 63).
Parkmöglichkeit: Großparkplatz beim Vorderen Gosausee.
Gehzeiten: Bergstation Gosaukammbahn – Zwieselalmhöhe ½ Std., Abstieg Zwieselalmhöhe – Herrenweg – Gosau 2½ Std.; Gesamtzeit 3 Std.
Anforderungen: Einfaches Unternehmen mit langem Abstieg. Gut bez. Wege.
Höchster Punkt: Zwieselalmhöhe, 1587 m.
Einkehrmöglichkeiten: Gablonzer Hütte (31 B., 39 L.), Breining-Hütte, Ghf. Sonnenalm (10 B.), alle Betriebe mit der Seilbahn geöffnet. Zwieselalmhaus (17 B., 23 L.; vom 1. Juni bis 30. September offen).
Sehenswertes: Von der Zwieselalmhöhe herrlicher Dachstein- und Tauern-Blick (Großglockner!).

Die Gablonzer Hütte mit dem Dachsteinmassiv im Hintergrund.

Als ein mit landschaftlichen Schönheiten überaus reich bedachtes Gebiet gehört die Zwieselalmhöhe zu den besterschlossenen Punkten des Salzkammergutes. Sie präsentiert die Pracht des Dachsteins wie die bizarren Türme des Gosaukammes aus nächster Nähe.

Von der Gosaukammbahn-Bergstation zur Zwieselalmhöhe: Auf Weg durch Fichtenbestand und über Wiesen nach Westen zur Gablonzer Hütte (1510 m) und in Nordrichtung zu Verzweigung. Hier geradeaus den Rücken hinauf zum Ghf. Sonnenalm (1580 m) und zur Zwieselalmhöhe, 1587 m.

Abstieg auf dem Herrenweg nach Gosau: Den grasigen Gipfelkamm nach Nordwesten abwärts zu einer Schulter, dann steil nach rechts (Norden) in Kehren hinab zum Zwieselalmhaus, 1436 m. Auf Karrenweg eine Wiesenmulde eben nach Osten zu Verzweigung. Links über einen steilen, bewaldeten Hang in Kehren hinunter zur lieblichen Wiesenschale beim Edalmgatterl mit dem querenden Weg Nr. 611 („Herrenweg"). Prachtblick auf Vorderen Gosausee und Dachstein! Nun teils auf Wegen, teils auf Forststraßen (stets Weg Nr. 611) an den Abhängen gegen das Gosautal durch Wald nach Nordosten sanft abwärts zur Falmbergalm und weiter zur Leutgeb- und Sommerau-Alm, ca. 1200 m. In Nordrichtung, unter den Hornspitzliften durch, abwärts und nach langer Waldwanderung zu den Wiesen und zur Kalvarienbergkirche von Gosau. Auf gutem Weg (Stufen, Kreuzwegkapellen) ostwärts hinunter in den Ort Gosau, 730 m.

Rückfahrt mit Bus zum Parkplatz beim Vorderen Gosausee.

63 Austriaweg

Spektakuläre Höhenwanderung an der Südwestseite des Gosaukammes

Parkplatz Vorderer Gosausee – Gosaukammbahn – Gablonzer Hütte – Austriaweg – Stuhlalm – Theodor-Körner-Hütte

Talort: Gosau, 730 m. Aufstrebende Fremdenverkehrsgemeinde im Gosautal.
Ausgangspunkt: Bergstation der Gosaukammbahn, 1485 m. Talstation beim Großparkplatz am Vorderen Gosausee (940 m), 7 km von Ort Gosau. Betrieb vom 30. Mai bis 15. Oktober täglich von 8.15 bis 16.50 Uhr, vom 13. Juni bis 20. September bis 17.20 Uhr.
Parkmöglichkeit: Großparkplatz beim Vorderen Gosausee.
Gehzeiten: Gosaukammbahn-Bergstation – Theodor-Körner-Hütte $1^{3}/_{4}$ Std., retour $1^{1}/_{2}$ – $1^{3}/_{4}$ Std.; Gesamtzeit $3^{1}/_{4}$ – $3^{1}/_{2}$ Std.
Anforderungen: Unschwierige Wanderung, jedoch Trittsicherheit nötig!
Höchster Punkt: Nordöstlicher Törlecksattel, 1599 m.
Einkehrmöglichkeiten: Gablonzer Hütte (31 B., 39 L.), Breininghütte (Restaurant, beide Betriebe mit der Seilbahn geöffnet), Jst. Stuhlalm (50 L., vom 15. Mai bis 31. Oktober offen), Theodor-Körner-Hütte (6 B., 40 L.; vom 15. Juni bis 12. Oktober geöffnet).
Sehenswertes: Unterwegs wunderbare Ausblicke auf Dachstein, Hohe Tauern (Großglockner!) und Bischofsmütze.

Nach dem Besuch der Zwieselalmhöhe (Tour 62) wird mit dem Ausgangspunkt Gosaukammbahn / Gablonzer Hütte nun eine Steiganlage vorgestellt, die bereits in die dem Lammer- und Ennstal zugewandte Seite der Dachsteingruppe bringt, der „Austriaweg". Es ist dies ein Unternehmen für Höhenweg-Fans, ein traumhafter Gang mitten hinein in die steilen Südwestflanken des Gosaukammes angesichts der aus südlicher Ferne grüßenden, schneebedeckten Tauernkette und der zuletzt, bei der Stuhlalm, in voller Größe dastehenden Bischofsmütze.

Von der Gosaukammbahn-Bergstation zur Theodor-Körner-Hütte: Auf breitem Weg durch Fichtenwald und über Wiesen nach Westen aufwärts zur Gablonzer Hütte, 1510 m. Nun den „Austriaweg" (Nr. 611) über steile Wiesen in Kehren nach Südwesten empor zum Nordöstlichen Törlecksattel

Die im Gosaukamm aufragende, mächtige Bischofsmütze von Nordwesten (Stuhlalm).

(1599 m), dann abwärts und eben zum Südwestlichen Törlecksattel (1576 m) mit Wegteilung. Rechtshaltend durch eine Mulde hinunter in den Schefferbergwald. Nun links, südwärts, an den steilen Westflanken des Großen und Kleinen Donnerkogels im Auf und Ab dahin, später im teilweise felsigen Gelände (alte Waldbrandzone) weiter und hinab in das begrünte Sulzkar. Dieses wird im Rechtsbogen ausgegangen, hernach um einen Vorsprung herum nach links in die Angerstein-Westhänge eingeschwenkt. Hier durch Wald abwärts, dann eben weiter und hinaus zu den Wiesen und Hütten der Stuhlalm, 1462 m. Auf Karrenweg in Südrichtung zu einer Wiesenschulter (Wegteilung) und rechtshaltend im lichten Wald abwärts zur Theodor-Körner-Hütte, 1454 m.
Rückkehr auf gleichem Weg.

›salm, 1206 m

'nativprogramm für Streßgeplagte

– Iglmoosalm

...au, 730 m. Aufstrebende Fremdenverkehrsgemeinde im Gosautal.
Ausgangspunkt: Gosau-Vordertal (Ghf. Edelweiß an der Straße nach Bad Goisern).
Parkmöglichkeit: Im Ortsgebiet.
Gehzeiten: Gosau-Vordertal – Iglmoosalm 1¼ Std., retour ¾ – 1 Std.; Gesamtzeit 2 – 2¼ Std.
Anforderungen: Einfacher Anstieg auf bez. Wegen.
Höchster Punkt: Iglmoosalm, 1206 m.
Einkehrmöglichkeit: Jst. Iglmoosalm (vom 1. Juni bis 15. Oktober offen, keine Nächtigung!).
Sehenswertes: Die Schau von der Iglmoosalm gegen den wildgezackten Gosaukamm.

Sicherlich ist die Iglmoosalm nur eine Zwischenstation am langen Anstieg von Gosau zur Goiserer Hütte und auf den Hohen Kalmberg. Doch die Qualitäten dieses Almgefilds als erhabenes Belvedere über der grünen Wiege des Gosautales rechtfertigen auch einen selbständigen Besuch – eine Al-

Gosaukamm und Zwieselalmhöhe vom Wiesenbalkon der Iglmoosalm betrachtet.

ternative zu den stark frequentierten Anziehungpunkten Zwieselalm und Gosauseen gegenüber. Dort oben sollte man einen Tag verbringen, um die phantastischen Felstürme des Gosaukammes im Spiel von Wolken und Licht ausgiebig bewundern zu können. Für das leibliche Wohl ist jedenfalls gesorgt, denn an der Jst. Iglmoosalm bekommt man Getränke, verschiedene Milchprodukte und natürlich auch eine zünftige Brettljause!

Von Gosau-Vordertal zur Iglmoosalm: Gegenüber dem Ghf. Edelweiß von der Bundesstraße Nr. 166 ab und eine Asphaltstraße, an Häusern vorbei, über Wiesen nach Norden hinauf zu einem Parkplatz am Waldrand. Auf Forststraße kurz nach links zu einer Verzweigung. Links auf Weg Nr. 880 in Nordwestrichtung durch Hochwald mäßig steil aufwärts, dann zur Rechten des Kreuzgrabens nach Norden empor und wieder zur Forststraße. Diese 50 m geradeaus, bei Linkskurve jedoch rechts ab und auf gutem Karrenweg, an bewaldeten Hängen entlang, ziemlich steil in Ostrichtung aufwärts in geneigteres Gelände. Nun wieder nach Norden, später nach Nordosten hinauf zu der im Quellgebiet des Färberbaches balkonartig über dem Gosautal gelegenen Wiesenfläche der Iglmoosalm. Hier wird eine Forststraße traversiert und auf anderer Straße 100 m nordwärts zu den Almhütten (1206 m) und zur Jst. Iglmoosalm angestiegen.

Abstieg auf gleicher Route.

65 Sommersbergsee, 856 m

Ein warmer Moorsee im Ausseer Mittelgebirge

Bad Aussee – Gasthof Tannenwirt – Sommersbergsee – Hotel Wasnerin – Bad Aussee

Talort: Bad Aussee, 659 m. Altrenommierter Kur- und Ferienort im Zentrum des steirischen Salzkammergutes.
Ausgangspunkt: Ghf. Steirerhof in Bad Aussee.
Parkmöglichkeit: Im Ortsgebiet von Bad Aussee.
Gehzeiten: Bad Aussee – Ghf. Tannenwirt – Sommersbergsee 1½ Std., Sommersbergsee – Hotel Wasnerin – Bad Aussee 1 Std.; Gesamtzeit 2½ Std.
Anforderungen: Einfache Rundwanderung auf Straßen oder bez. Wegen.
Höchster Punkt: Sommersbergsee, 856 m.
Einkehrmöglichkeiten: Restauration Sommersbergsee (im Sommer offen, keine Nächtigung!), Ghf. Tannenwirt, Hotel Wasnerin, Ghf. Teichwirt (aller Betriebe im Sommer geöffnet, Nächtigungsmöglichkeit!).
Sehenswertes: Unterwegs eindrucksvoller Überblick über das Ausseer Talbecken.
Hinweis: Vom Ghf. Tannenwirt lohnender Besuch des nahen Alpengartens!

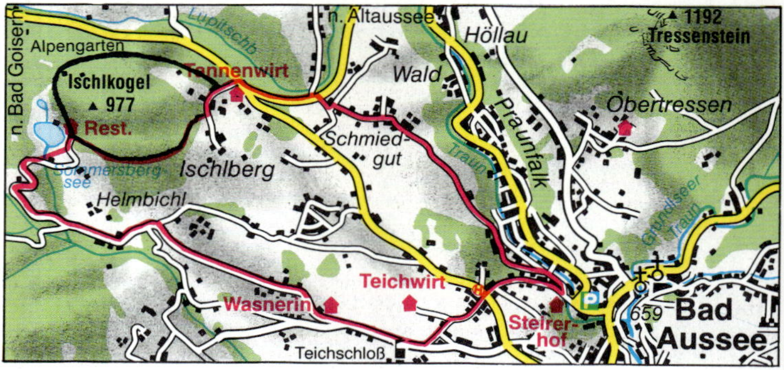

Die Gegend um Bad Aussee bietet eine Tourenauswahl für alle Ansprüche. Neben Gipfelbesteigungen und See-Umwanderungen lassen sich auch bequeme Spaziergänge in Mittelgebirgslagen unternehmen. Von besonderem Reiz sind da die von malerischen Baumgruppen durchsetzten Wiesenhochflächen Schmiedgut, Ischlberg, Helmbichl und Wasnerin westlich über Aussee. Der hier beschriebene Rundwanderweg führt durch diese Gebiete und auch am dunklen Sommersbergsee – ein warmer Moorsee mit Bademöglichkeit – vorbei.

Von Bad Aussee über den Ghf. Tannenwirt zum Sommersbergsee: Wegbeginn gegenüber dem Steirerhof. Auf Fahrweg (Nr. 14) neben der

Sommersbergsee und Hoher Sarstein von Nordosten.

Traun 200 m nach Nordwesten zu einer Teilung. Links auf der Asphaltstraße steil zur Wiesenhochfläche Schmiedgut empor und über sie nach Nordwesten, schließlich nach rechts abwärts zur Altausseer Zubringerstraße. Jenseits (Weg) über Wiesen und durch Wald westwärts empor zur Bundesstraße Nr. 145 beim Ghf. Tannenwirt (Bushalt). Nun auf Naturstraße (Weg Nr. 14) durch Wald nach Südwesten aufwärts zu Verzweigung bei einigen Häusern (nach rechts zum Alpengarten). Auf bez. Weg am Waldrand geradeaus, südwärts, weiter und im Rechtsbogen um den Ischlkogel herum zu dem westlich von ihm in einer Mulde gelegenen Sommersbergsee, 856 m. **Rückweg über die Wasnerin nach Bad Aussee:** Nach Südwesten aufwärts zum Beginn einer Asphaltstraße. Diese in Kehren nach Süden hinunter, dann ostwärts über Wiesen, am Hotel Wasnerin vorbei, zur Linksabzweigung einer Straße. Auf ihr – der Ghf. Teichwirt bleibt links – zur Bundesstraße Nr. 145 und jenseits steil hinunter nach Bad Aussee.

66 Moosberg-Steinberg-Runde

Viel Wanderglück um wenig Mühe

Altaussee – Ruine Pflindsberg – Gasthof Sarsteinblick – Steinberg (Altausseer Salzbergwerk) – Altaussee

Talort: Altaussee, 723 m. Erholungsort im Westen des gleichnamigen Sees.
Ausgangspunkt: Hotel Tyrol in Altaussee.
Parkmöglichkeit: Im Ortsgebiet von Altaussee
Gehzeiten: Altaussee – Ghf. Sarsteinblick 1 Std., Ghf. Sarsteinblick – Steinberg (Salzbergwerk) 1 Std., Abstieg Steinberg – Altaussee ½ Std.; Gesamtzeit 2½ Std.
Anforderungen: Bequeme Wanderung. Meist Forststraßen.
Höchster Punkt: Anhöhe nördlich der Moosberg-Hochfläche, 1048 m.
Einkehrmöglichkeiten: Ghf. Sarsteinblick (10 B., vom 1. Novemberg bis Weihnachten geschlosssen, sonst offen), Buffet im Altausseer Salzbergwerk.
Sehenswertes: Die Ruine Pflindsberg (13. Jh.) sowie das Altausseer Salzbergwerk am Steinberg.
Hinweis: Der Anstieg von Altaussee zur Ruine Pflindsberg ist auch durch den Graben des Trattenbaches (100 m hoher Wasserfall!) möglich.

Das ist eine Wanderung, die problemlos auch an Regentagen zu machen ist. Nach einer Besichtigung der Ruine Pflindsberg kann man sich später beim Ghf. Sarsteinblick einer genüßlichen Rast hingeben. Dann geht es auf Forststraßen zur Moorhochfläche Moosberg und weiter zum Altausseer Salzbergwerk, wo man auf Führungen ins Berginnere die alten und neuen Methoden des Salzabbaus kennenlernt.

Die Moorhochfläche Moosberg mit dem Loser.

Von Altausee zum Ghf. Sarsteinblick: Vom Hotel Tyrol die Asphaltstraße nach Lupitsch nordwestwärts zu einer Teilung. Links über Wiesen hinauf in den Graben des Trattenbaches. Dort auf Sträßchen rechts ab und in Kehren zu den Häusern von Zenzenbichl, dann westwärts zum Waldrand hinauf. Prachtvoller Rückblick auf Altausseer See und Trisselwand! Den bez. Fahrweg durch Wald nach Westen aufwärts zur Schloßwiese mit Verzweigung (Bank, Kruzifix). Von hier lohnende Besichtigung der im Osten auf einem bewaldeten Hügel stehenden Ruine Pflindsberg, 956 m.
Auf Forststraße durch Wald nach Westen zur Moorhochfläche Langmoos und zur Straße Lupitsch – Ghf. Sarsteinblick. Auf ihr geradeaus zu einer Teilung (rechts nach Steinberg) und weiter zum Ghf. Sarsteinblick, 935 m.
Vom Ghf. Sarsteinblick zum Steinberg (Salzbergwerk): Kurz zurück zur erwähnten Verzweigung und links auf Forststraße (Weg Nr. 8a) durch Wald und über Wiesen hinauf zu einer Anhöhe (ca. 1040 m, Sarsteinblick!). Jenseits hinab zur Moorhochfläche Moosberg (1010 m, Loser-Blick!) mit altem Stolleneingang. Nordwärts weiter (Weg Nr. 252) und durch Wald hinauf zur nächsten Anhöhe, 1048 m. Nun auf Asphaltstraße nach Norden abwärts in einen Graben und durch ihn nach rechts hinunter zum Steinberg (Altausseer Salzbergwerk, ca. 950 m).
Abstieg nach Altaussee: Auf Asphaltstraße vorerst an den Hängen des Dietrichkogels entlang, dann durch einen bewaldeten Graben nach Südosten hinab in den Ortsteil Reith und weiter nach Altaussee.

67 Sandling, 1717 m

Zünftige Bergtour auf einen großartigen Aussichtsberg

Steinberg (Altausseer Salzbergwerk) – Ausseer Sandlingalm – Sandling

Talort: Altaussee, 723 m. Erholungsort im Westen des gleichnamigen Sees.
Ausgangspunkt: Steinberg (Altausseer Salzbergwerk, ca. 950 m), 3 km von Altaussee
Parkmöglichkeit: Vor dem Altausseer Salzbergwerk am Steinberg.
Gehzeiten: Steinberg (Salzbergwerk) – Ausseer Sandlingalm 1 Std., Ausseer Sandlingalm – Sandling 2 Std., Abstieg Sandling – Steinberg (Salzbergwerk) 1¾ Std.; Gesamtzeit 4¾ Std.
Anforderungen: Anstrengende, aber unschwierige Tour. Bergerfahrung, vor allem Trittsicherheit, nötig. Nur bei sicherem Wetter!
Höchster Punkt: Sandling, 1717 m.
Einkehrmöglichkeit: Buffet im Altausseer Salzbergwerk.
Sehenswertes: Vom Sandling umfassende Rundschau über das gesamte südliche Salzkammergut. Sehenswert das Altausseer Salzbergwerk am Steinberg (Grubenhunte, Rutschbahnen, Salzsee).
Hinweis: Von der Ausseer Sandlingalm lohnender Besuch der westlich des Sandlings noch schöner gelegenen Vorderen Sandlingalm (ca. 1320 m; Aufblick zum Sandling, Fernschau zum Dachstein!). Dorthin bei der unten erwähnten „kleinen Schulter" auf Weg Nr. 252 geradeaus. Gesamter zusätzlicher Zeitaufwand (hin und retour) 1½ Std.

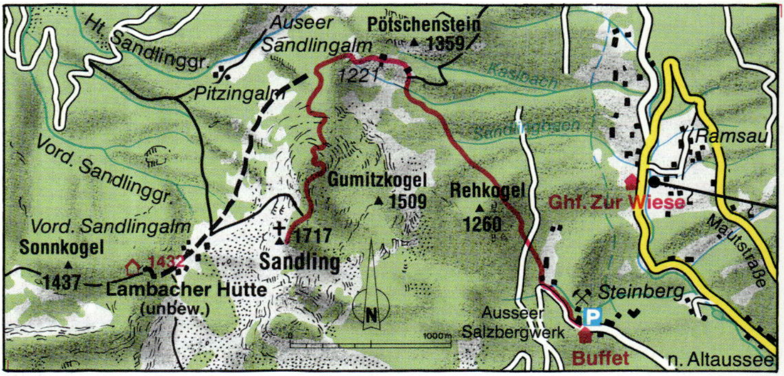

Zu den weniger frequentierten, stilleren Touren des Salzkammergutes gehört die Besteigung des Sandlings bei Altaussee. Dieser markante Felsstock im Norden des Pötschenpasses vermag wohl bei vielen Besteigungsgelüste zu wecken.

Vom Steinberg (Salzbergwerk) zur Ausseer Sandlingalm: Auf Asphaltstraße durch einen Graben nach Nordwesten aufwärts zur Linkskehre beim Stollen „Kriechbaumberg". Hier rechts ab und auf Weg Nr. 252 am bewal-

Die Ausseer Sandlingalm. Rechts dahinter das Losermassiv.

deten Ostabhang des Sandlings in langer Querung nach Nordwesten aufwärts zur Ausseer Sandlingalm, 1221 m.

Von der Ausseer Sandlingalm auf den Sandling: Den Weg Nr. 252 über Wiesen und durch Wald nach Westen aufwärts zum Sattel zwischen Sandling und P. 1374. Jenseits eine steile bewaldete Mulde zu kleiner Schulter queren; Wegteilung. Hier links auf Weg Nr. 251 über den Nordrücken des Berges durch Wald, Buschwerk und Latschen sehr steil hoch, schließlich über zwei Felsaufschwünge (Drahtseile) zur großen latschenbewachsenen Karrenhochfläche des Sandlings. Über sie, links am P. 1622 vorbei, nach Süden zur tiefsten Senke vor dem Hauptgipfel und jenseits hinauf zu einer Verzweigung. Geradeaus über Felsstufen und durch Latschen empor auf den in hohen Wänden nach Westen abstürzenden Gipfel des Sandlings (1717 m; Gipfelkreuz, Buch).

Abstieg auf gleicher Route.

68 Blaa-Alm, 902 m

Beliebtes Wanderziel im Schatten von Loser und Sandling

Altaussee – Wiesenweg – Blaa-Alm

Talort: Altaussee, 723 m. Erholungsort im Westen des gleichnamigen Sees.
Ausgangspunkt: Hotel Kitzer im Ortsbereich von Altaussee.
Parkmöglichkeit: Im Ortsgebiet von Altaussee.
Gehzeiten: Altaussee – Wiesenweg – Blaa-Alm 1¼ Std., retour 1¼ Std.; Gesamtzeit 2½ Std.
Anforderungen: Bequeme Wanderung auf gut bez. Wegen.
Höchster Punkt: Blaa-Alm, 902 m.
Einkehrmöglichkeiten: Ghf. „Zur Wiese“ (im Sommer offen, keine Nächtigung!), Ghf. Blaa-Alm (12 B., 38 L., vom 1. Mai bis Allerheiligen geöffnet).
Sehenswertes: Die Narzissenblüte (Mai) entlang des „Wiesenweges“. Von der Blaa-Alm eindrucksvoller Aufblick zu den Felszinnen des Loser-Massivs.

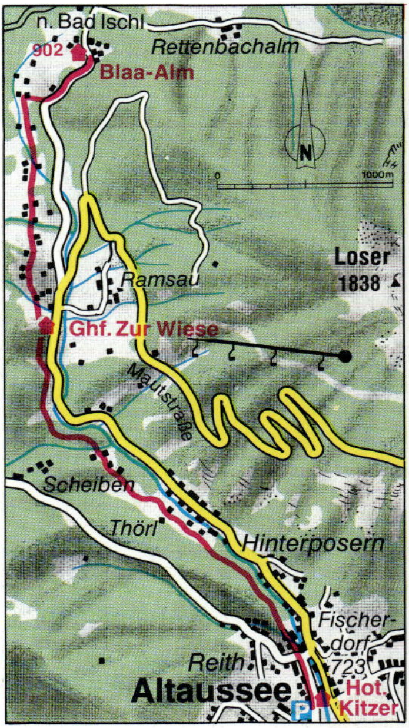

Die zwischen Loser und Sandling eingelagerte Senke der Blaa-Alm ermöglicht eine Verbindung zwischen dem steirischen und dem oberösterreichischen Salzkammergut. Der „Wiesenweg“ von Altaussee durch das Tal des Augstbaches zur Blaa-Alm ist ein Begriff und wurde schon von vielen, auch von prominenten Besuchern, gewürdigt. Freilich besitzt die Gegend heute nicht mehr jene Ursprünglichkeit wie etwa noch von 30 oder 40 Jahren. Die Mautstraße auf den Loser, das Loser-Skizentrum und eine Zufahrtsstraße zur Blaa-Alm selbst haben hier Abbruch getan. Trotz der Nähe dieser Anlagen ist die Begehung des berühmten „Wiesenweges“ nach wie vor reizvoll und kann mit Abstieg durch das Rettenbachtal nach Bad Ischl (siehe Tour 51!) zu einem großzügigen Unternehmen erweitert werden.

Von Altaussee auf dem „Wiesenweg“ zur Blaa-Alm: Vom Hotel Kitzer auf Asphaltstraße links neben dem Augstbach nach Nordwesten zur querenden Salzbergstraße und jenseits steiler aufwärts zum Beginn eines Karrenweges (Nr. 2a). Auf ihm vorerst durch Wald, dann über gemuldete Wiesen

Heuhütten am Wiesenweg zur Blaa-Alm.

sanft aufwärts zu den Häusern von Scheiben. Links überm Augstbach durch das sich verschmälernde, bewaldete Tal in Windungen nach Nordwesten hinauf zum Ghf. „Zur Wiese“ (ca. 840 m) nahe dem Loser-Skizentrum. Nun in besonders schöner Wanderung über weite Wiesenflächen, an malerischen Heuhütten vorbei, nach Norden, später kurz durch Wald zu querendem Forstweg. Auf ihm 100 m nach rechts zur Blaa-Alm-Zufahrtsstraße, der man linkshaltend zum Ghf. Blaa-Alm (902 m) folgt. **Rückkehr** auf gleichem Weg.

69 Loser, 1838 m

Vielbesuchtes Proszenium über dem Ausseer Land

Loserhütte – Loser – Hochanger – Loserfenster – Augstsee – Loserhütte

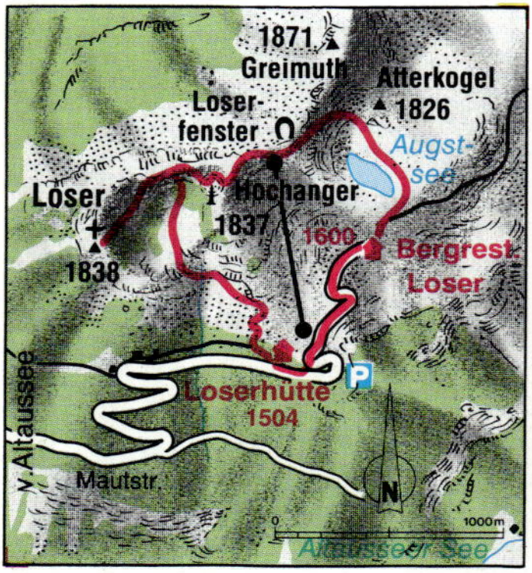

Bild rechts: Loser und Loserhütte von Südosten.

Talort: Altaussee, 723 m. Erholungsort im Westen des gleichnamigen Sees.
Ausgangspunkt: Loserhütte, 1504 m.
Parkmöglichkeit: Parkplatz an der Loser-Mautstraße, 50 m östlich der Loserhütte, 11 km von Altaussee.
Gehzeiten: Loserhütte – Loser 1 Std., Loser – Augstsee 3/4 Std., Augstsee – Loserhütte 1/4 Std.; Gesamtzeit 2 – 2 1/4 Std.
Anforderungen: Unschwierig. Mehrere exponierte Passagen, daher Trittsicherheit und Schwindelfreiheit nötig. Vorsicht mit Kindern!
Höchster Punkt: Loser, 1838 m.
Einkehrmöglichkeiten: Loserhütte (20 B., 80 L.; vom 1. November bis 15. Dezember geschlossen, sonst immer offen), Bergrestaurant beim Großparkplatz am Ende der Loser-Mautstraße (im Sommer offen, keine Nächtigung!).
Sehenswertes: Das umfassende Bergpanorama vom Gipfel des Losers, ferner das Loserfenster und der Augstsee.

Die liebliche grüne Weite des Ausseer Talbeckens und der in hehrer Gletscherpracht darüber aufsteigende Dachstein ergeben ein Paradestück alpiner Landschaftsharmonie. Wer's nicht glaubt, der steige ins Auto und fahre zur Loserhütte hinauf. Will man jedoch Schau- und Wandererlebnis kombinieren, dann kommt man an einer Überschreitung des Loser-Massivs nicht vorbei: Da genießt man zunächst die phantastische Gipfelrundsicht, wandert später zum „merkwürdigen" Loserfenster hinüber und beschließt die Tour an den Ufern des lieblichen Augstsees, von dem es nur noch ein Katzensprung zurück zur Loserhütte ist.

Von der Loserhütte zum Gipfel des Loser: Auf Weg Nr. 201 westwärts zu einer Teilung und dort rechtshaltend (Weg Nr. 255) über bewaldete Hänge in Nordrichtung empor. Weiter über begrünte Steilflanken (Vorsicht!) schräg nach links hinauf in ein grasiges Tälchen. Durch dieses weniger steil nach Norden aufwärts zu Verzweigung unterhalb des Sattels zwischen Loser und Hochanger. Links, an grasigen Hängen entlang, nach Südwesten empor zum Gipfel des Losers (1838 m, großes Metallkreuz).

Vom Loser über den Hochanger zum Augstsee: Zurück in den oben erwähnten Sattel. Jenseits (Weg Nr. 256) durch Latschen steil nach Osten hinauf zum Hochanger (1837 m, Fernsehsender). Über einen latschenbewachsenen Felskamm auf und ab nach Nordosten (gegen den Greimuth) zum Loserfenster. Nun in der rechten Seite des Kammes abwärts, dann durch eine Blockrinne und über Felsstufen in die Mulde vor dem Atterkogel. Durch sie über Wiesen nach rechts hinunter zum Augstsee (1643 m) und an seinem linken Ufer vor zu schöner Wiesenschulter; Wegteilung.
Vom Augstsee zurück zur Loserhütte: Kurz nach Südwesten hinunter zum Großparkplatz (1600 m) am Ende der Loser-Mautstraße und die Straße nach Süden abwärts zum Parkplatz bei der Loserhütte.

70 Rund um den Altausseer See

Schönster Uferspaziergang im steirischen Salzkammergut

Altaussee – Seeufer-Promenade – Seewiese – Seeklause – Johannes-Brahms-Weg – Altaussee

Talort: Altaussee, 723 m. Erholungsort im Westen des gleichnamigen Sees.
Ausgangspunkt: Fischerndorf. Östlicher Ortsteil von Altaussee, direkt am See gelegen.
Parkmöglichkeit: Im Ortsbereich von Altaussee.
Gehzeiten: Altaussee – Seewiese ³/₄ Std., Seewiese – Seeklause – Altaussee 1¹/₄ Std.; Gesamtzeit 2 Std.

Anforderungen: Problemlose Wanderung auf breitem, ebenem Promenadenweg.
Höchster Punkt: Altaussee, 723 m.
Einkehrmöglichkeiten: Am Westufer, im Ortsbereich von Altaussee, mehrere Gaststätten, sonst keine Einkehrmöglichkeit.
Sehenswertes: Von der „Seewiese" am Nordostende des Altausseer Sees prächtiger Dachsteinblick!

Mehr als alle anderen Seeufer- und See-Rundwanderwege des Salzkammergutes gehört jener um den Altausseer See zum klassischen Tourenprogramm dieses Gebietes. Einige Abschnitte an diesem herrlich problemlosen Promenadenweg sind sogar berühmt geworden, etwa die stimmungsvolle „ Seewiese" mit faszinierendem Dachsteinblick oder der „Brahmsweg" mit Aufschau zur grandiosen, aus dem See unvermittelt aufsteigenden Trisselwand. Daß man auf diesem Rundweg kaum je alleine unterwegs ist, spricht für ihn!

Der Weg rund um den Altausseer See: Vom „Hotel am See" in Fischerndorf die Seeufer-Promenade („Kerry-Weg", Nr. 1a und 212) anfangs auf Straße, dann auf breitem Weg am steilen, teilweise felsigen Nordufer entlang zum Nordostende des Altausseer Sees. Hier durch Wald in Nordrich-

Blick von der Nordufer-Promenade des Altausseer Sees zur Trisselwand.

tung weiter zu einer Verzweigung. Rechtshaltend (Weg Nr. 1a) durch Buschwerk und Wald wieder zum See mit der lieblichen „Seewiese" (Schiffsanlegestelle) rechts unterhalb. Nun am Ostufer unter der imposanten Trisselwand entlang, dann am Südufer, mehrere Buchten ausgehend, zum Strandcafé und weiter zum westlichen See-Ende beim Abfluß der Altausseer Traun („Seeklause"). Nach rechts über den Bach zum Hotel Seevilla, dann auf dem „Johannes-Brahms-Weg", am Westufer entlang, zurück nach Fischerndorf in Altaussee.

71 Tressenstein, 1192 m

Unterhaltsame Rundwanderung mit lohnender Gipfelbesteigung

Altaussee – Sattelsteig – Tressensattel – Tressenstein – Obertressen – Altaussee

Talort: Altaussee, 723 m. Erholungsort im Westen des gleichnamigen Sees.
Ausgangspunkt: Fischerndorf. Östlicher Ortsteil von Altaussee, direkt am See gelegen.
Parkmöglichkeit: Im Ortsbereich von Altaussee.
Gehzeiten: Altaussee – Sattelsteig – Tressenstein 2 Std., Tressenstein – Obertressen – Altaussee 1¾ Std.; Gesamtzeit 3¾ Std.
Anforderungen: Leichte Wanderung auf z. T. schlecht bez. Wegen.
Höchster Punkt: Tressenstein, 1192 m.
Einkehrmöglichkeiten: Ghf. Trisselwand (15 B., ganzj. offen), Ghf. Waltl in Obertressen (ganzj. offen, Montag Ruhetag, keine Nächtigung!).
Sehenswertes: Vom Tressenstein phantastischer Überblick über das Ausseer Talbecken mit den Dachstein-Gletschern im Südwesten.

Im Gegensatz zur Umwanderung des Altausseer Sees (Tour 70) geht es diesmal nicht ohne Anstiegsmühen ab. Das merkt man auf dem durch eine originelle Felsstiege „gewürzten" Steilanstieg zum Tressensattel ebenso wie später am Weg zum Tressenstein, der seiner zentralen Lage wegen zu den privilegierten Orientierungspunkten des Ausseer Landes gehört. Im Abstieg nach Altaussee kommt man am stillen Erholungsdorf Obertressen vorbei, wo der Dichter Hugo von Hofmannsthal Jahre hindurch seinen Sommerurlaub verbrachte.

Von Altaussee über den Sattelsteig auf den Tressenstein: Von Fischerndorf den „Johannes-Brahms-Weg" am Westufer des Sees nach Süden zum Hotel Seevilla und zum Abfluß der Altausseer Traun („Seeklause"). Jenseits am Südufer nach links zu einer Verzweigung. Rechtshaltend durch Wald nach Süden aufwärts zum Wiesensattel zwischen Plattenkogel und Tressenstein. Eine Asphaltstraße nach links zu den Häusern von Bartelhof (784 m), dort links ab und auf Fahrweg an den bewaldeten Nordhängen des Tressensteins nach Osten aufwärts zur Rechtsabzweigung des Sattelsteiges (Nr. 233). Diesen steil empor, später unter Felswänden eine Stiege

Tiefblick vom Sandling gegen den Altausseer See. Rechts darüber der niedrige Tressenstein, der auf unserem Tourenvorschlag umwandert wird.

nach links (Osten) hinauf und weiter zum Tressensattel (970 m), 1 Std. Auf Forststraße nach rechts in die bewaldeten Osthänge des Tressensteins hinein, bald jedoch auf breitem Weg (Nr. 19 und 258) rechts ab und hinauf an den Nordostrücken. Über ihn in Kehren empor zum höchsten Punkt des Tressensteins (1192 m; Holzkreuz, Sendemast des ORF). Auf Steig kurz nach Westen abwärts zu felsiger Aussichtskanzel.

Rückweg über Obertressen nach Altaussee: Zurück zum Tressensattel und über Wiesen nach rechts (Süden) zum Ghf. Trisselwand. Auf Straße nach Südwesten zu einigen Höfen, dann auf Weg Nr. 19 geradeaus in den Wald und dort an den Südhängen des Tressensteins hinab zu einer Asphaltstraße. Diese nach rechts, später auf Weg Nr. 11 rechts ab und westwärts bald über Wiesen nach Obertressen, ca. 770 m. Den Weg Nr. 11 nach Nordwesten hinunter in den Wald und wieder zur Asphaltstraße. Auf ihr durch die Westseite des Tressensteins nach rechts zu den Häusern von Platten. Bei Verzweigung geradeaus weiter zur „Seeklause" und auf bekanntem Weg zurück nach Fischerndorf in Altaussee.

72 Zimitztal

Bergromantik mit Wasserfall und idyllisch gelegener Alm

Gasthof Ladner – Zimitz-Wasserfall – Zimitzalm

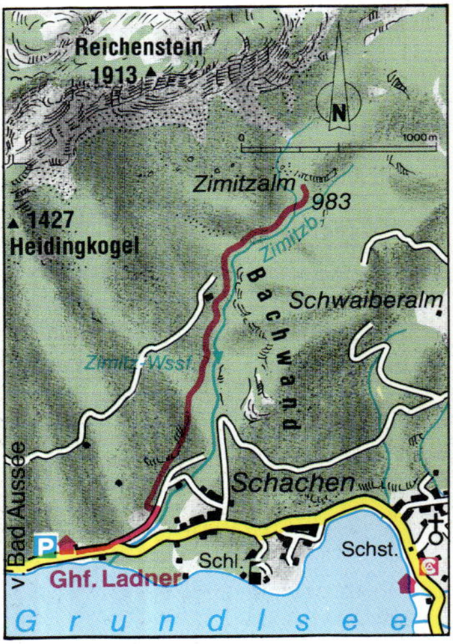

Talort: Bad Aussee, 659 m. Altrenommierter Kur- und Ferienort im Zentrum des steirischen Salzkammergutes.
Ausgangspunkt: Ghf. Ladner (ca. 720 m) am Nordufer des Grundlsees, 9 km von Bad Aussee; Bushalt.
Parkmöglichkeit: Parkplatz neben dem Ghf. Ladner.
Gehzeiten: Ghf. Ladner – Zimitzalm 1 Std., retour $^3/_4$ Std.; Gesamtzeit $1^3/_4$ Std.
Anforderungen: Unschwierige Wanderung auf gutem, aber unbez. Weg.
Höchster Punkt: Zimitzalm, 983 m.
Einkehrmöglichkeit: Ghf. Ladner (13 B., vom 1. April bis 31. Oktober geöffnet).
Sehenswertes: Der Zimitz-Wasserfall im Mittelteil des Tales. Von der Zimitzalm Fernschau zum Dachstein sowie Aufblick in die grandiose Südwand des Reichensteins.
Hinweis: Der obere Zimitzbach mit seinen vermoderten Bäumen und moosig begrünten Felsen ist ein ideales Spielgewässer für Kinder.

Die gegen den Grundlsee gerichteten Südabstürze des Toten Gebirges geben dem Wanderer eine reiches Betätigungsfeld. Als hervorragendste Ziele seien nur die Gößler Alm (Tour 73) und der Vordere Lahngangsee (Tour 74) erwähnt. Weit weniger beschwerlich, aber keinesfalls undankbar, ist der Besuch des romantischen Zimitztales. Vor allem der im Mittelteil über senkrechte Felsen herabstürzende Wasserfall ist eine richtige Sehenswürdigkeit. Bei etwas mehr Zeit sollte man unbedingt noch bis zu der im Talschluß gelegenen Zimitzalm weiterwandern.

Vom Ghf. Ladner zur Zimitzalm: Die Grundlsee-Uferstraße 150 m ostwärts in Richtung Gößl zur Linksabzweigung einer abgeschrankten Forststraße knapp vor der Brücke über den Zimitzbach. Die Forststraße nach Norden zu einer Schottergrube. 200 m danach auf Fahrweg links hinauf zum Oberrand der Grube und dort zu schönem breitem Waldweg. Diesen (Weg Nr. 5, keine Markierung) an der linken Talseite durch Wald nach Nordosten aufwärts zur Rechtsabzweigung des Steiges zum Zimitz-Wasserfall (lohnender Abstieg bis in den Schluchtgrund!), $^1/_2$ Std. An der

Eine Sehenswürdigkeit im Gebiet des Grundlsees: Der Zimitz-Wasserfall.

linken Talseite neben dem rauschenden Zimitzbach im Wald weiter aufwärts, zuletzt über den Bach nach rechts und hinauf zu den auf schöner Waldwiese gelegenen Hütten der Zimitzalm (983 m, unbewirtschaftet). **Abstieg** auf gleichem Weg.

73 Gößler Alm, 1585 m

Ein Bergparadies überm Grundlsee

Schachen – Schwaiberalm – Gößler Alm

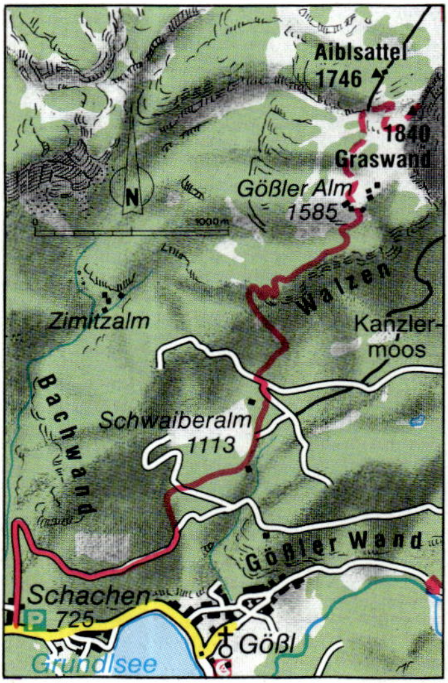

Talort: Bad Aussee, 659 m. Altrenommierter Kur- und Ferienort im Zentrum des steirischen Salzkammergutes.
Ausgangspunkt: Die Häuser von Schachen (725 m) am Nordufer des Grundlsees, 10 km von Bad Aussee; Bushalt.
Parkmöglichkeit: Parkplatz am Wegbeginn in Schachen.
Gehzeiten: Schachen – Gößler Alm 2½ Std., retour 1½ Std.; Gesamtzeit 4 Std.
Anforderungen: Einfache, der Steilheit und des zu bewältigenden Höhenunterschiedes wegen jedoch anstrengende Tour.
Höchster Punkt: Gößler Alm, 1585 m.
Einkehrmöglichkeit: Keine.
Sehenswertes: Prachtblick von der Gößler Alm über den Grundlsee hinweg zum Dachstein – ein landschaftlicher Höhepunkt des Salzkammergutes!
Hinweis: Von der Gößler Alm überaus lohnender Weiterweg über den Aiblsattel zur Graswand (1840 m) mit noch umfassenderer Rundsicht und unerwartet schönem Tiefblick zum Vorderen Lahngangsee. Gesamter Zeitaufwand 1¼ Std.

Die herrlichen Almen des Salzkammergutes mit ihren Matten und charakteristischen Holzhütten bieten für sich vielfältige, lohnende Tourenziele. Als eine der reizvollsten muß die an der Südseite des Toten Gebirges, hoch über dem Grundlsee gelegene Gößler Alm genannt werden. Um sie zu erreichen sind 800 Höhenmeter im anstrengenden Steilanstieg zu bewältigen. Danach aber öffnet sich der Berghimmel im wahrsten Sinne des Wortes! Man betritt einen zauberhaften Wiesenbezirk mit malerischen Baumgruppen und verstreut liegenden Almhütten. Wie von einer Tribüne überschaut man den tiefblauen Grundlsee, in dem sich die Gletscher des Dachsteins spiegeln. Hier herauf muß man an klaren Herbsttagen kommen!
Von Schachen zur Gößler Alm: Auf Forststraße (Weg Nr. 214) zunächst nordwärts den Graben des Zimitzbaches hoch, dann nach rechts (Osten) und an bewaldeten Hängen entlang aufwärts zur Linksabzweigung des Weges zur Pühringer Hütte, ½ Std. Diesen durch Wald nach Nordosten hinauf zu licht bewaldeter Bergschulter (links die Wiesen der Schwaiberalm,

Blick von der Gößler Alm zum Dachstein.

1113 m) und weiter zu einer Wegteilung, 1 Std. Links auf Weg Nr. 213 weiterhin im Wald über steiler werdende Hänge nach Norden empor zur Bergrippe „Walzen". Über sie durch lichter werdenden Wald bei abnehmender Steilheit hinauf zur Gößler Alm, 1585 m.
Abstieg auf gleichem Weg.

74 Vorderer Lahngangsee, 1494 m

Ein weiterer landschaftlicher Höhepunkt im Toten Gebirge

Schachen – Schwaiberalm – Drausengatterl – Vorderer Lahngangsee – Lahngangalm

Talort: Bad Aussee, 659 m. Altrenommierter Kur- und Ferienort im Zentrum des steirischen Salzkammergutes.
Ausgangspunkt: Die Häuser von Schachen (725 m) am Nordufer des Grundlsees, 10 km von Bad Aussee; Bushalt.
Parkmöglichkeit: In Schachen.
Gehzeiten: Schachen – Vorderer Lahngangsee – Lahngangalm 2½ – 2¾ Std., retour 1½ – 1¾ Std.; Gesamtzeit 4 – 4½ Std.

Anforderungen: Lange, trotz des beträchtlichen Höhenunterschiedes nicht übermäßig anstrengende Wanderung. Keine Schwierigkeiten!
Höchster Punkt: Vorderer Lahngangsee, 1494 m.
Einkehrmöglichkeit: Keine.
Sehenswertes: Der Vordere Lahngangsee mit seinen lärchen- und zirbenbestandenen Ufern und dem darüber aufragenden, markanten Salzofen.

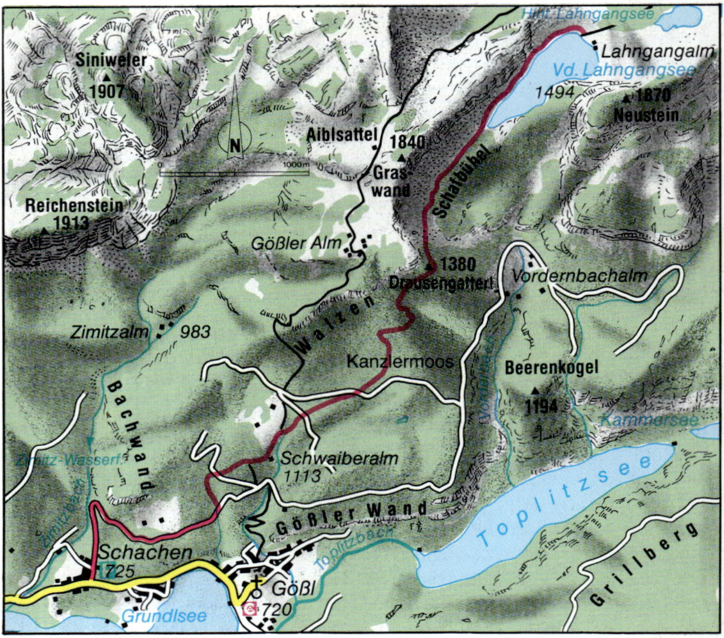

Die Jagdhütte bei der Schwaiberalm mit dem imposanten Reichenstein darüber.

Verglichen mit den eher stillen Gefilden der Gößler Alm (Tour 73) ist der tiefer gelegene Lahngangsee ein richtiger Hit unter den Touren im Umkreis von Bad Aussee. Schon der Zugang zu ihm mit der Felspassage des Drausengatterls bietet überraschend schöne Ausblicke auf Toplitzsee, Grundlsee und Dachstein. Und dann der See selbst, dieses blau schimmernde Juwel zwischen steilflankigen Bergen.

Von Schachen zum Vorderen Lahngangsee: Wie bei Tour 73 zur Wegteilung bei der Schwaiberalm, 1 Std. Rechtshaltend (Weg Nr. 214) durch schönen Bergwald, dann über eine langgestreckte Wiese in Nordostrichtung hinauf zum bewaldeten Kanzlermoos-Plateau. Über dieses, dann an den Steilhängen des „Walzen“ durch Wald und über Kahlschläge, an einer Quelle vorbei, nach Nordosten aufwärts zum Felsgrat des Drausengatterls, 1380 m. Auf gutem Steig unter überhängender Felswand links hinab zu den steilen angegrünten Schutthängen unterhalb der Graswand. Über sie in langer Querung (am Vormittag heiß!) schräg nach rechts empor zur Geländerampe des Schafbühels. Hier über Karrenfelsen eben weiter, zuletzt durch die Mulde zwischen Schafbühel und Graswand nach Nordosten abwärts zum Vorderen Lahngangsee, 1494 m. An seinem linken Ufer (Westufer) auf Weg Nr. 214 in schöner Wanderung eben weiter zum Nordende des Sees bei der unbewirtschafteten Lahngangalm.

Abstieg auf gleicher Route.

75 Toplitzsee und Kammersee

Dankbare Ausflugsziele im Quellengebiet der Traun

Gößl – Toplitzsee – Kammersee – Toplitzsee – Ranftlmühle – Gößl

Talort: Bad Aussee, 659 m. Altrenommierter Kur- und Ferienort im Zentrum des steirischen Salzkammergutes.
Ausgangspunkt: Schiffsanlege- und Bushaltestelle in Gößl (720 m), 11 km von Bad Aussee.
Parkmöglichkeit: Parkplatz bei der Schiffsanlegestelle in Gößl.
Gehzeiten: Gößl – Konrad-Mautner-Weg – Toplitzsee 20 – 25 Min., Ausflug zum Kammersee (hin und retour) 3/4 – 1 Std., Toplitzsee – Ranftlmühle – Gößl 1/2 Std.; Gesamtzeit 1 3/4 – 2 Std.
Anforderungen: Leichte Spazierwanderung. Bootsfahrt über den Toplitzsee.
Höchster Punkt: Kammersee, ca. 730 m.
Einkehrmöglichkeit: Fischerhütte (von Ostern bis 31. Oktober offen, keine Nächtigung!).
Sehenswertes: Die Bootsfahrt über den romantischen Toplitzsee. Die neben dem rauschenden Stimitzbach besonders idyllisch gelegene, alte Ranftlmühle.

Grüner Fjord in düsterer Waldschlucht, Wasserfälle und geheimnisschwangere Tiefe – das ist der Toplitzsee, ein überaus beliebtes Ausflugsziel im Quellengebiet der Traun. Hier soll Erzherzog Johann im Juli 1819 seine spätere Gemahlin, die aus Aussee stammende Postmeisterstochter Anna Plochl, kennengelernt haben. Viel später hat der See durch seine besondere Natur (markante Schichtung durch salzhaltiges Tiefenwasser) und Ende des 2. Weltkrieges durch Versenkungs-Manöver und Minen-Erprobungen Berühmtheit erlangt. Eine Bootsfahrt über den See (keine Uferwege!) und ein kurzer Anstieg bringen zu dem im hintersten Talabschnitt gelegenen kleinen Kammersee, in dessen Umgebung die Traun entspringt.

Von Gößl auf dem Konrad-Mautner-Weg zum Toplitzsee: Die Uferstraße 100 m nach Norden, dann auf Asphaltstraße rechts ab und ostwärts durch den Ort Gößl zu einer Verzweigung. Geradeaus bald auf abgeschrankter Naturstraße (Weg Nr. 3) unter der imposanten Gößler Wand entlang durch

Der kleine, im Quellengebiet der Traun gelegene Kammersee.

Wald und über Wiesen zur Fischerhütte am Westende des Toplitzsees, 718 m.

Ausflug zum Kammersee: Von der Fischerhütte geführte Überfahrten mit Motorplätten (Betrieb vom 1. Mai bis 31. Oktober) zur „Villa Wolkenbruch" am Ostende des Toplitzsees. Von dort kurzer Anstieg durch Wald zum kleinen Kammersee, ca. 730 m.

Vom Toplitzsee über die Ranftlmühle zurück nach Gößl: Von der Fischerhütte nach Süden über den See-Abfluß zu schöner Uferwiese (Erzherzog-Johann-Gedenkstein). Auf Fahrweg Nr. 4 durch Wald nach rechts (Südwesten) aufwärts, dann auf Forststraße eben zu einer Teilung. Linkshaltend weiter, später auf Weg nochmals links ab und durch Wald nach Süden zur Ranftlmühle. In Nordwestrichtung zu querender Forststraße und diese nach links zur Grundlsee-Ostuferstraße. Auf ihr nach rechts zurück nach Gößl.

76 Grundlsee-Süduferweg

Reizvoller Spaziergang von der Seeklause nach Gößl

Ort Grundlsee-Seeklause – Mitterau – Hinterau – Wienern – Gößl – zurück mit Bus oder Schiff

Talort: Bad Aussee, 659 m. Altrenommierter Kur- und Ferienort im Zentrum des steirischen Salzkammergutes.
Ausgangspunkt: Ort Grundlsee-Seeklause (710 m) am Nordufer des Grundlsees, 1 km vom westlichen See-Ende.
Parkmöglichkeit: Im Ort Grundlsee-Seeklause, an der Norduferstraße.
Gehzeit: Grundlsee-Seeklause – Gößl $1^3/_4$ Std.
Anforderungen: Anspruchslose Uferwanderung auf gut bez. Wegen.
Höchster Punkt: Wienern, ca. 750 m.
Einkehrmöglichkeiten: Gaststätten im Ort Grundlsee-Seeklause und in Gößl.
Sehenswertes: Unterwegs Ausblicke gegen die Südabstürze des Toten Gebirges mit Backenstein und Reichenstein.
Hinweis: Vom Zielort Gößl lohnender Ausflug zu den Gößler Wiesen im Südosten des Ortes (besonders schön zur Narzissenblüte im Mai!).

Das langgestreckte, zum Teil auch steile und bewaldete Südufer des Grundlsees erlaubt genußreiches Wandern angesichts der imponierenden Südabstürze des Toten Gebirges. Hier kommt in erster Linie der Geher auf seine Rechnung, der nicht so sehr die ständig wechselnden Szenerien, als vielmehr das Wandererlebnis an sich sucht. Dennoch ist die Tour alles andere als langweilig und vermittelt dem Naturliebhaber wiederholt Ausblicke auf zauberhafte Uferlandschaften.

Vom Ort Grundlsee-Seeklause nach Gößl: Die Norduferstraße 1 km zum Westende des Grundlsees. Hier nach links über den Seeabfluß und jenseits auf Promenadenweg (Nr. 1), an Häusern vorbei, nach Südosten zu Verzweigung. Links auf geteertem Weg durch Wald aufwärts, wobei eine Naturstraße traversiert wird. Nun in Ostrichtung am bewaldeten steilen Seeufer entlang, dann abwärts zum Freibad. Eine Straße 250 m nach rechts (Süden) hinauf zu querender breiter Asphaltstraße. Diese über freie Wiesen nach links (Osten) zu den Häusern von Mitterau und weiter zum Straßenende in Hinterau, $^1/_2$ Std. Auf Promenadenweg am bewaldeten

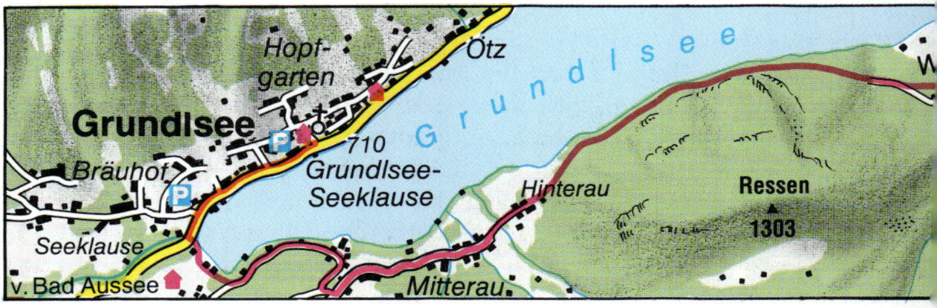

Der Grundlsee mit dem Backenstein (links) von Westen.

Nordabhang des Ressen in Ostrichtung eben dahin, dann an der teilweise felsigen Steilflanke (Geländersicherung) im Auf und Ab weiter, schließlich durch wieder geneigteres Gelände aufwärts zu einer Forststraße. Auf ihr durch Wald nach Osten zur Streusiedlung Wienern, ca. 750 m. Auf Asphaltstraße durch den Ort, dann durch Wald und über Wiesen in weiter Linksschleife zum Ostende des Grundlsees. Hier in Nordrichtung, am Strandbad vorbei, nach Gößl (720 m) mit Schiffsanlegestelle, Bushalt und Parkplatz.

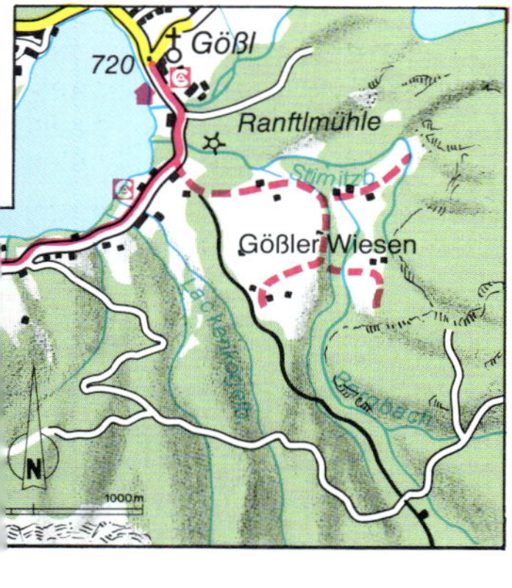

Rückfahrt zum Ort Grundlsee-Seeklause per Bus (ganzj. mehrmals täglich) oder Schiff (vom 15. Mai bis 30. Oktober mehrmals am Tag).

77 Rötelstein, 1614 m, und Kampl, 1685 m

Spritztour auf zwei lohnende Aussichtsberge

Straußental – Rötelstein – Langmoosalm – Kampl

Talort: Bad Aussee, 659 m. Altrenommierter Kur- und Ferienort im Zentrum des steirischen Salzkammergutes.
Ausgangspunkt: Die Häuser von Straußental (853 m) an der Straße über den Radlingpaß, 5 km von Bad Aussee.
Parkmöglichkeit: Am Wegbeginn in Straußental.
Gehzeiten: Straußental – Rötelstein 2 – 2½ Std., Übergang Rötelstein – Kampl ¾ – 1 Std., Abstieg Kampl – Straußental 1¼ – 1½ Std.; Gesamtzeit 4 – 5 Std.
Anforderungen: Ausdauer erfordernde, aber leichte Bergtour. Nur bei gutem Wetter!
Höchster Punkt: Kampl, 1685 m.
Einkehrmöglichkeit: Keine.
Sehenswertes: Vom Rötelstein Dachstein-Blick und Tiefblick in das Ausseer Becken. Vom Kampl Grimming-Blick und Tiefblick in das Hinterbergtal.

Das in steilen Flanken ringsum abstürzende Kampl-Rötelstein-Massiv ist ein Südausläufer des Toten Gebirges. Dank dieser Randlage und isolierten Stellung überschaut man von dort die beiden Talbecken von Aussee und Mitterndorf (Hinterbergtal) und hat als ständigen Blickfang die Gletscherwelt des Dachsteins gegenüber. Wer an einem schönen Herbsttag die vor Nebel-Nässe triefende Südflanke ansteigt, wird das erste durchscheinende Himmelsblau für drohende Regenwolken halten. Überwältigend fürwahr, wenn uns später bei der Langmoosalm wärmende Sonnenstrahlen und grenzenlose Fernsicht empfangen. Welcher Salzkammergut-Besucher ließe sich diese zugegebenermaßen anstrengende, aber immer lohnende Tour entgehen?

Von Straußental auf den Rötelstein: Auf Naturstraße kurz nach Osten zu einem Wohnhaus. Rechtshaltend (Weg Nr. 253) die bewaldeten Südhänge des Rötelsteins in Südostrichtung aufwärts, wobei mehrere Forststraßen traversiert werden. Weiter oben führt der Serpentinensteig über die steile Flanke nach Nordosten empor zur Quelle „Kaltes Brünnl“ und durch eine

Der Grimming vom Gipfel des Kampl.

grasige Mulde weiter zur Rötelstein-Kampl-Hochfläche, die bei der Langmoosalm (1520 m) erreicht wird; Verzweigungspunkt. Am Waldrand nach links (Weg Nr. 253) und über einen felsig-bewaldeten Steilaufschwung nach Nordwesten empor, später den breiten Gipfelrücken durch Latschen- und Fichtenbestände in Westrichtung zum höchsten Punkt des Rötelsteins, 1614 m. Das Gipfelkreuz (mit Buch) steht südlich davon, am Abbruchrand des Plateaus.

Übergang vom Rötelstein zum Kampl: Zurück zur Stelle, an der die Rötelstein-Kampl-Hochfläche erreicht wurde. Hier links und an den Hütten der Langmoosalm (ca. 1520 m) vorbei, dann über Wiesen nach Nordosten aufwärts zum Bildstock „Zum Namen Jesu“ (Buch, Quelle) südlich des Feuerkogels. Auf Weg Nr. 24 ostwärts über einen Sattel, dann durch Wiesenmulden, an Baumgruppen vorbei, nach rechts (Südosten) hinauf zum südlichen Abbruchrand der Kampl-Hochfläche. Hier linkshaltend, ostwärts, zum höchsten Punkt des Kampl (1685 m; Gipfelkreuz, Buch).

Abstieg nach Straußental auf bekannten Wegen.

78 Ödensee, 780 m

Stille Wege durch ein interessantes Naturschutzgebiet

Kainisch – Ödensee – Ödensee-Umrundung

Talort: Pichl-Kainisch, 803 m. Im sonnigen Hinterbergtal gelegene Fremdenverkehrsgemeinde.
Ausgangspunkt, Parkmöglichkeit: Ortszentrum von Kainisch, ca. 790 m.
Gehzeiten: Kainisch – Ödensee ¾ Std., Ödensee-Umrundung ¾ Std., Rückweg Ödensee – Kainisch ¾ Std.; Gesamtzeit 2¼ Std.
Anforderungen: Ganz bequeme Wanderung ohne Gegensteigungen.
Höchster Punkt: Kainisch, ca. 790 m.
Einkehrmöglichkeit: Kohlröserlhütte (vom 27. Oktober bis 15. Dezember geschlossen, sonst offen; keine Nächtigung!).
Sehenswertes: Schöne Moorlandschaft und reizvolle Karstbildungen (Dolinenseen!) am Weg zum Ödensee.
Hinweis: An den Ufern des Ödensees Bademöglichkeit. Der See kann von Kainisch auch mit eigenem Kfz (3 km, Parkmöglichkeit 120 m nördlich der Kohlröserlhütte) erreicht werden.

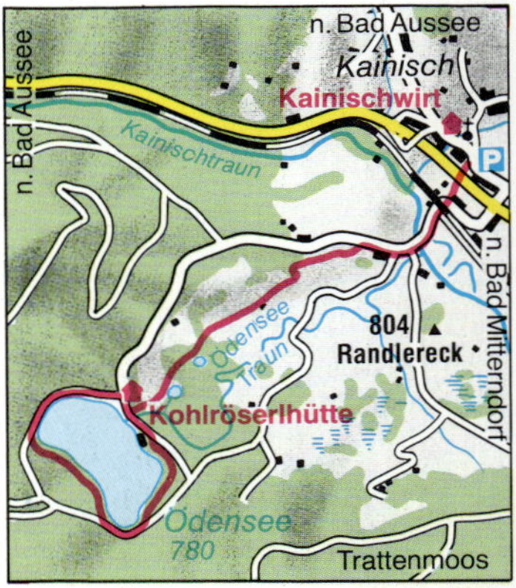

Bild rechts: An den Ufern des Ödensees.

Von eher subtilem Reiz ist die Gegend um den von dunklen Wäldern umsäumten Ödensee. Er liegt am Südwestrand des Hinterbergtales, direkt zu Füßen des Dachstein-Massivs und darf nicht mit den Ödseen des Almtales (Tour 43) verwechselt werden. Ein schöner Wanderweg führt von Kainisch über ein Hochmoor und an interessanten Karstseen (Naturschutzgebiet!) vorbei dorthin. Hübsche Ausblicke auf Rötelstein, Kampl, Tauplitzgebiet und Grimming begleiten uns rund um den stillen See.

Von Kainisch zum Ödensee: Vom Ghf. Kainischwirt 50 m nach Osten zur Rechtsabzweigung eines Sträßchens (Fahrverbot). Auf ihm, unter der Umfahrungsstraße durch, nach Südwesten zur querenden Ödensee-Zufahrtsstraße. Diese zunächst über die Bahn, dann entlang der Kainischer Traun zu Rechtskurve und bald danach zur Linksabzweigung von Weg Nr. 8. Auf ihm südwestwärts am rechten Rand eines Hochmoores eben dahin, später nach links hinaus und auf Karrenweg quer über die Moorhochfläche in den Wald. Hier südwärts an zwei Dolinenseen („Kalter See“, „Warmer See“) vorbei, dann südwestwärts durch Wald und über Wiesen zum Ödensee (780 m), der bei der Kohlröserlhütte erreicht wird.

Rund um den Ödensee: Von der Kohlröserlhütte auf dem Ufer-Rundwanderweg (Holzstege, Sitzgarnituren) im Uhrzeigersinn um den dunklen Waldsee, wobei manchmal auf Forststraßen ausgewichen werden muß. **Rückkehr** von der Kohlröserlhütte nach Kainisch auf bekanntem Weg.

79 Lawinenstein, 1965 m

Ein „Hochthron“ über dem Hinterbergtal

Parkplatz Tauplitzalm – Hollhaus – Kriemandl – Lawinenstein

Talort: Bad Mitterndorf, 809 m. Im Hinterbergtal gelegener freundlicher Urlaubs- und Kurort mit bekanntem Bad (Bad Heilbrunn).
Ausgangspunkt, Parkmöglichkeit: Parkplatz am Ende der Tauplitzalm-Mautstraße (1586 m), 9 km von Bad Mitterndorf.
Gehzeiten: Parkplatz – Lawinenstein 1¼ – 1½ Std., retour ¾ – 1 Std.; Gesamtzeit 2 – 2½ Std.
Anforderungen: Einfache Wanderung auf bez. Steigen. Nur bei gutem Wetter!
Höchster Punkt: Lawinenstein, 1965 m.
Einkehrmöglichkeit: Hollhaus des ÖAV (60 B., vom 16. Juni bis 14. Oktober geöffnet).
Sehenswertes: Die umfassende Rundsicht vom Lawinenstein, eine der schönsten des Salzkammergutes.
Hinweis: Bei Benützung des Lawinenstein-Sessellifts (vom 1. Juli bis 30. September von 9.00 bis 16.00 Uhr in Betrieb) ¾ – 1 Std. Zeitersparnis!

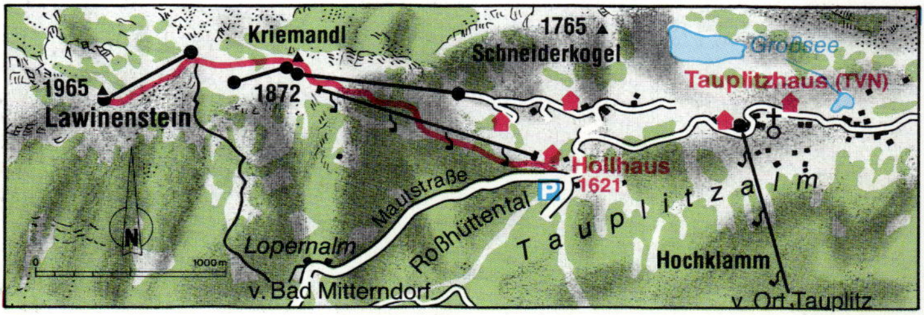

Hier kommt der einfache, bequeme Wanderer auf seine Rechnung, dem es nicht nach großen Taten, nach zünftigen Gipfeltouren gelüstet. Denn der Lawinenstein ist ein Berg, der im Sommer sogar teilweise mit Seilbahnhilfe erreicht werden kann. Dem Geher jedoch bereitet nur der 200-Meter-Steilhang zu Beginn einige Mühen. Was noch folgt ist befreiendes Schreiten über Bergwiesen hinüber zu dem nach Westen vorspringenden Gipfel. Die Rundsicht kann man nicht beschreiben, man muß sie gesehen haben! Glanzpunkte sind der firnegleißende Dachstein, der mächtige Grimming und die schockierend öden Karrenhochflächen des Toten Gebirges.

Vom Parkplatz-Tauplitzalm auf den Lawinenstein: Auf Naturstraße in Windungen nach Norden hinauf zum Hollhaus, 1621 m. Links ab und auf Weg Nr. 274 westwärts, an der Talstation des Lawinenstein-Sessellifts vorbei, durch Latschen und lichten Baumbestand (Skitrassen) sanft aufwärts, später unterhalb des Sessellifts über einen Steilhang in Kehren empor zur Bergstation am Gipfel des Kriemandl, 1872 m. Nun über einen breiten Rücken in Westrichtung sanft abwärts, dann nach links (Südwesten) hinauf

Tiefblick vom Kriemandl nach Osten zur begrünten Hochfläche der Tauplitzalm.

zum höchsten Punkt des Lawinensteins (1965 m; Gipfelkreuz, Sendemast)
Abstieg auf gleichem Weg.

80 Steirersee und Schwarzensee

Zwei charakteristische Bergseen am Rande der Tauplitzalm

Parkplatz Tauplitzalm – Bergdorf – Steirersee – Schwarzensee

Talort: Bad Mitterndorf, 809 m. Im Hinterbergtal gelegener freundlicher Urlaubs- und Kurort.
Ausgangspunkt, Parkmöglichkeit: Parkplatz am Ende der Tauplitzalm-Mautstraße (1586 m), 9 km von Bad Mitterndorf.
Gehzeiten: Parkplatz – Schwarzensee 2 – 2¼ Std., retour 2 – 2¼ Std.; Gesamtzeit 4 – 4½ Std.
Anforderungen: Unschwierige, aber lange Wanderung ohne besondere Höhenunterschiede. Naturstraßen oder gut bez. Wege.
Höchster Punkt: Tauplitzalm-Bergdorf, 1640 m.
Einkehrmöglichkeiten: Im Bereich der Tauplitzalm zahlreiche Gasthöfe und Hotels mit Nächtigungsmöglichkeit (vom 16. Juni bis 14. Oktober sind alle Häuser offen, danach jeweils nur ein einziges).
Sehenswertes: Die Schau von der Tauplitzalm auf Dachstein, Grimming und Niedere Tauern. Vom „Steirerseeblick" Aufblick zum Felshorn des Sturzhahns.
Hinweis: Das Tauplitzalm-Bergdorf kann vom Ort Tauplitz mit Sessellift erreicht werden. Betrieb vom 1. Juli bis 25. September täglich von 8.00 bis 16.30 Uhr. Für die Wanderung zum Schwarzensee ergibt sich dann eine gesamte Zeitersparnis von ca. 1 Std.

So bequem wie die Besteigung des Lawinensteins (Tour 79) ist der Ausflug zum Steirer- und Schwarzensee bei weitem nicht! Es fehlen zwar die Höhenunterschiede, dafür ist die Strecke länger und muß in beiden Richtungen zurückgelegt werden. Begleitet von außerordentlich reizvzollen Ausblicken auf die umliegende Bergwelt wandert man über die weite Tauplitzalm-Hochfläche.
Später führt der Weg oberhalb des in einer tiefen Doline liegenden Steirersees vorbei in den abgelegenen Kessel beim Schwarzensee. Dort sollte man vor dem Rückweg eine gemütliche Rast einlegen. Bei warmem Wetter werden sich „Härtlinge" ein Bad in den kühlen Fluten dieses Sees sicher nicht entgehen lassen!

Steirersee und Steirerseehütten von Westen. Der Wanderweg zum Schwarzensee führt an den Hängen links über dem Steirersee entlang.

Vom Parkplatz-Tauplitzalm zum Schwarzensee: Auf Naturstraße in Windungen nach Norden hinauf zum Hollhaus, 1621 m. Bei Straßenteilung rechts und in Ostrichtung zu einer Anhöhe, später an den Gasthöfen Großsee und Tauplitzalm vorbei zur Bergstation der Tauplitzalm-Sesselbahn, 1/2 Std. Ostwärts durch das Tauplitzalm-Bergdorf, dann über weite Wiesen und durch Lärchenbestände zur Rechtsabzweigung der Straße zum Linzer Tauplitzhaus. Geradeaus weiter, später sanft abwärts zum Steilabfall gegen den Steirersee (Linksabzweigung des Steiges zum „Steirerseeblick") und in einigen Kehren hinunter zum Ende der Straße bei den Steirerseehütten (1550 m), 1 Std. Nun auf Weg Nr. 209A und 218, links überm See, in langer Querung der Steirerseeleiten durch Latschen und lichten Lärchenwald nach Osten zu einer grabenartigen Verengung und gleich danach zum Schwarzensee, 1549 m.
Rückkehr auf gleicher Route.

Anhang

Kurzausflüge und Tips für Regentage

Altaussee: Prachtvoll gelegener Kur- und Erholungsort. Bekannte Glaubersalz-Heilquelle. Besuchenswert das Altausseer Salzbergwerk auf dem Steinberg (Führungen!).

Ansfelden bei Linz: Geburtsort des berühmten oberösterreichischen Komponisten Anton Bruckner. Sehenswertes Museum.

Anzenaumühle bei Bad Goisern: Typisches Salzkammerguthaus mit alter Rauchküche und Bäckerei. An bestimmten Terminen Brotbacken und Pferdekutschenfahren.

Bad Aussee: Schöner alter Ortskern mit dem Kammerhof (ehem. Salzamtsgebäude, 15. Jh.), dem Hoferhaus und dem Heimatmuseum. Sehenswert die alte Pfarrkirche (13. Jh.). Bekannte, vielbesuchte Konditorei. Neues Sole-Hallenschwimmbad. Salzsudwerk in Bahnhofsnähe.

Bad Ischl: Kurstadt mit bekanntem Solebad. Langjähriger Sommersitz Kaiser Franz Josephs und anderer Prominenz. Besichtigung der Kaiservilla, der Lehár- und der Brahmsvilla, der herrlichen Esplanade und des Kurhauses. Berühmte Konditorei Zauner. Im Juli und August Operettenwochen. Sehenswert das Ischler Salzbergwerk!

Bogenschießen in Bad Goisern: Der Schießplatz steht den Gästen zur Verfügung. Leihgeräte (Auskunft im Sporthaus Zopf).

Bootsverleih an fast allen bedeutenden Salzkammergutseen.

Chorinskyklause bei Bad Goisern: Altes Stauwerk (1819) zur Holztrift aus dem Weißenbachtal. Das Klausschlagen (= Öffnen des Schleusentors) ist ein besonderes Ereignis und wird an bestimmten Tagen durchgeführt. Neben der Klause der bekannte Jagdtisch Kaiser Franz Josephs.

Cumberland-Wildpark im Almtal, südlich von Grünau.

Dachsteinblick, Ghf.: Ausflugsziel, westlich überm Attersee. Von Nußdorf mit Kfz zu erreichen. Siehe Tour 24!

Dietlgut, Ghf.: Ausflugsziel im Stodertal. Von Hinterstoder mit Bus oder eigenem Kfz zu erreichen. Siehe Tour 45!

Drachenflieger finden am Loser (Altaussee), auf der Katrin (Bad Ischl), am Zwölferhorn (St. Gilgen) und am Feuerkogel (Ebensee) günstige Bedingungen.

Drachen- und Paraflugschulen in Alexenau (bei Weyregg/Attersee) und in Spital am Pyhrn (bei Windischgarsten).

Druckerhof, Ghf. über Unterach am Attersee: Gaststätte in besonders schöner Lage über dem südlichen Attersee. Von Unterach mit Kfz zu erreichen. Siehe Tour 25!

Ebensee: Sehenswert vor allem das Heimathaus mit berühmter großer Krippe (400 Figuren!). Die Kalvarienbergkirche von Ebensee gilt als eine der schönstgelegenen des Salzkammergutes.

Fahrradverleih in allen größeren Orten des Salzkammergutes.

Faistenau: Am Dorfplatz die berühmte, über 1000 Jahre alte Linde (während der Nacht von Innen her beleuchtet!). Sehenswert auch die „Eiskapelle" (den ganzen Sommer über lagernde Schneereste) im Grießbachgraben südlich von Faistenau.

Gaisberg bei Salzburg: Herrliche Rundsicht und Tiefblick auf die Stadt Salzburg. Schöner Rundwanderweg! Auffahrt mit Bus oder eigenem Kraftfahrzeug.

Gaßl-Tropfsteinhöhle bei Ebensee: Am Gaßlkogel gelegene Schauhöhle mit Schutzhütte. Zugang von Ebensee in ca. 2 Std.; Führungen.

Gmunden: Kurstadt mit glanzvollem Ortsbild. Herrliche Esplanade, eine der schönsten weitum! Sehenswert sind die Pfarrkirche, das Rathaus, der Kammerhof, das Landschloß Ort, das malerisch auf einer Traunsee-Insel gelegene Seeschloß Ort sowie die Villa Toskana mit prächtigem Park. Bekannt ist auch die Gmundner Keramik!

Gmundnerberg: Baumfreie Höhe westlich über Gmunden und Altmünster. Gaststätten. Prachtblick auf Traunsee, Traunstein und Erlakogel („Schlafende Griechin"). Auffahrt von Altmünster mit eigenem Kfz.

Großgmain bei Salzburg: Besuch des Salzburger Freilichtmuseums mit historischen Baulichkeiten (16. bis 19. Jh.).

Hallein an der Salzach: Südlich von Salzburg gelegener uralter Salineort mit mittelalterlichem Stadtbild. Besuch des Keltenmuseums (im Salineamtsgebäude) mit Gedenkräumen an Franz Xaver Gruber, den Komponisten des „Stille-Nacht"-Liedes. Besonders besuchenswert ist das Halleiner Salzbergwerk am Dürrnberg (Salzgewinnung seit 4500 v. Chr.!) mit Führungen.

Hallstatt: Über 4000 Jahre alter Bergmannsort. Malerischer Ortskern mit blumengeschmückten Häusern. Sehenswert die kath. Kirche (Beinhaus!), die evangel. Kirche, die Kalvarienbergkirche, der Friedhof, das Heimatmuseum und das prähistorische Museum. Auffahrt mit Standseilbahn auf den Hallstätter Salzberg (Ghf. Rudolfsturm, Gräberfeld, Salzbergwerk mit Führungen). Eine Attraktion ist die Fronleichnamsprozession am See!

Hauberg, Ghf.: Beliebtes Ausflugsziel nördlich über Mondsee-Markt. Von dort mit Kfz zu erreichen. Wunderbarer Überblick über das Mondsee-Gebiet!

Heilbäder: Altaussee (Sulfatquelle), Bad Aussee, Bad Ischl (Solebäder), Bad Goisern (Jodschwefelbad), Bad Mitterndorf (warmes Mineralbad, Heiltorf).

Hochkreut-Wildpark: Auffahrt von Neunkirchen bei Altmünster am Traunsee. Über 170 Wildtiere; Vogelstimmen- und Pilzlehrpfad, Frosch-Lehrtümpel. Herrlicher Panoramablick!

Hof bei Salzburg: Besichtigung des ältesten bewohnten Rauchhauses im Land Salzburg (Museum).

Höhlen im Dachsteingebiet: Von Obertraun aus empfehlenswerter Besuch der Rieseneishöhle und der Mammuthöhle (ab Dachsteinbahn-Station Schönbergalm) sowie der Koppenbrüllerhöhle; Führungen.

Hois'n, Ghf.: Ausflugsziel am Ostufer des Traunsees. Bademöglichkeit. Zufahrt mit Bus oder eigenem Kfz von Gmunden (siehe Tour 38!)

Jagdhof am Fuschlsee: Hotel und Restaurant, daneben Golfplatz und Tierpark. Interessantes Jagdmuseum mit großer Pfeifensammlung (über 1000 Exponate!). Siehe Tour 4!

Unterwegs auf der Dachstein-Hochfläche „Am Stein" (vgl. Tour 58!). Blick nach Süden auf Gjaidstein, Dirndln, Dachstein-Gipfel und Hallstätter Gletscher.

Kalvarienbergkapellen: Ein charakteristischer Bestandteil der Salzkammergut-Kulturlandschaft. Die schönstgelegenen Kapellen findet man in Traunkirchen, Ebensee, St. Wolfgang und Gosau.

Kinderland und Märchenpark „Schindelwald" bei Grünau im Almtal: Kindereisenbahn, Karussells, Boote, Ponyreiten, Märchen-Darstellungen usw.

Klammen und Schluchten: Burggrabenklamm bei Weißenbach am Attersee (siehe Tour 27!), Vogelsangklamm (längste Klamm Oberösterreichs!) bei Spital am Pyhrn, Strubklamm zwischen Ebenau und Faistenau (siehe Tour 2!), Tiefensteinklamm bei Köstendorf (Mattsee), Gollinger Wasserfall,

Salzachöfen am Paß Lueg, Lammeröfen bei Scheffau am Tennengebirge.

Kleefeld, Ghf. bei Strobl: Beliebtes Ausflugsziel mit Wildgehege (180 Tiere!).

Kogler, Ghf.: Landgasthof am Gahberg, in aussichtsreicher Lage überm Attersee. Herrlicher Blick auf Höllengebirge und Schafberg. Von Weyregg mit eigenem Kfz zu erreichen. Siehe Tour 32!

Kremsmünster bei Steyr: Benediktinerstift. Eine der großartigsten Klosteranlagen im süddeutschen Raum! Siebenstöckiger Sternwarteturm, das „erste Hochhaus Europas" (1759). Besonders sehenswerte barocke Fischbehälter.

Kreuzstein-Strandhotel am Südufer des Mondsees: in unmittelbarer Nähe der vielfotografierte, im See stehende Kreuzstein. Bademöglichkeit.

Laimeralm bei Strobl: Im Sommer mehrmals wöchentlich Hüttenabend mit Musik, Stimmung und Jodeln. Zubringerdienst.

Linz: Hauptstadt von Oberösterreich. Sehenswert vor allem der Alte Dom (Brucknerorgel) und die Martinskirche (8. Jh., älteste noch erhaltene Kirche Österreichs!). Auffahrt mit der steilsten Adhäsionsbahn Europas auf den Pöstlingberg (Wallfahrtskirche, Grottenbahn im Festungsturm). Besuch des nahen Zisterzienserstiftes Wilhering.

Mondsee-Markt: Prachtvolle barocke Stiftskirche (zweitgrößte Kirche Oberösterreichs!), ferner schöner Marktplatz mit alten Häusern (Rokoko- und Barockfassaden). Bekannte Konditoreien und Spezialitätenrestaurants.

„Mondseer Einbaum": Lokomotive und Salonwagen der stillgelegten, mehrfach besungenen Salzkammergut-Lokalbahn an der Seepromenade in Mondsee.

Narzissenblüte im Ausseer Land: Besonders schön im Bereich der Gößler Wiesen (Tour 76) und am „Wiesenweg" zur Blaa-Alm (Tour 68).

Oberndorf an der Salzach: Nördlich von Salzburg gelegener Markt. Hier wurde 1818 das bekannte Weihnachtslied „Stille Nacht, heilige Nacht" in der St.-Nikolaus-Kirche (nicht mehr erhalten!) erstmals gesungen. Museum.

Offensee: Am Nordfuß des Toten Gebirges gelegener, etwas düsterer Waldsee. Bademöglichkeit. Zufahrt mit Kfz von Ebensee.

Paraglidern seien als Flugberge der Loser (Altaussee), das Zwölferhorn (St. Gilgen), die Hutterer Höß (Hinterstoder) und der Lawinenstein (Tauplitzalm) empfohlen.

Pferdekutschenfahrten können in den meisten Orten des Salzkammergutes unternommen werden.

Predigtstuhl, Berghotel auf Wurmstein über Bad Goisern: Beliebtes Ausflugsziel mit faszinierendem Dachstein-Blick. Von Bad Goisern mit dem Sessellift oder mit dem eigenem Kraftfahrzeug zu erreichen (siehe Tour 52 und 53!).

Puppenmuseum in St. Wolfgang: Ständige Ausstellung mit über 200 Exponaten aus aller Welt.

Raddampfer-Fahrten: Nostalgische Schiffahrten mit dem Dampfer „Kaiser Franz Joseph" auf dem Wolfgangsee.

Rudolfsturm, Ghf.: Gaststätte auf dem Salzberg in luftiger Position über Hallstatt und Hallstätter See. Von Hallstatt-Lahn mit Standseilbahn zu erreichen (siehe Tour 55!).

Salzbergwerk-Besichtigungen in Altaussee, Hallstatt, Bad Ischl und Hallein (Grubenhunte, Rutschbahnen, Salzseen), als Ausweichprogramm vor allem mit Kindern besonders zu empfehlen. Führungen nur im Sommer!

Salzburg, Stadt: Landeshauptstadt. Eine der schönsten Städte der Welt und Kulturzentrum allerersten Ranges (Salzburger Festspiele, Oster- und Pfingstfestspiele, Mozartwochen usw.). Überaus lohnende Stadtbesichtigung. Besuchenswert die Festung Hohensalzburg, der Tiergarten und die Wasserspiele Heilbrunn, der Mirabellgarten mit Barockmuseum, das Haus der Natur, das Marionettentheater, das Mozart-Geburtshaus (Museum), die Residenz-Gallerie, das Museum Carolinum Augusteum. Empfehlenwert vor allem für Lichtbildner sind Wanderungen am Mönchs- und Kapuzinerberg. Dankbare Ausflüge auf den Untersberg (Gondelbahn) und den Gaisberg (mit Bus oder eigenem Kfz.)

St. Florian bei Linz: Augustiner-Chorherrenstift, ein Juwel barocker Baukunst! Bekannte Chrismann-Orgel. Wirkungs- und letzte Ruhestätte des Komponisten Anton Bruckner.

St. Gilgen am Wolfgangsee mit dem Geburtshaus der Mutter Wolfgang Amadeus Mozarts, Anna Maria Pertl.

St. Wolfgang: Sehenswert die Wallfahrtskirche (Kirchenkonzerte!) mit dem berühmten Michael-Pacher-Flügelaltar (16. Jh.). Im Ort das direkt am See gelegene Hotel „Im Weißen Rößl", Schauplatz der bekannten Operette von Ralph Benatzky. Prachtvoll gelegene Kalvarienbergkapelle (Malerweg!). Lohnender Ausflug (herrliche Motive!) über Roith zum Ghf. Hupfmühle bei den Dittelbachfällen.

Sarsteinblick, Ghf.: Inmitten lieblicher Wiesen am Südfuß des Sandlings gelegene Gaststätte. Von Bad Aussee mit eigenem Kfz über Lupitsch zu erreichen (siehe Tour 66!).

Scharnstein im Almtal: Im Schloß Neu-Scharnstein das Strafrechtsmuseum (Österreichisches Kriminal-Museum) mit mittelalterlichen Foltergeräten. Reptilienzoo.

Schiffahrten auf allen großen Seen des Salzkammergutes.

Seehaus am Almsee: Am Südufer gelegene, viel besuchte Gaststätte (Almsee-Forellen!). Im Besitz des Stiftes Kremsmünster. Von Grünau her mit Bus oder eigenem Kfz zu erreichen (siehe Tour 42!)

Seewalchen: Badeort am Nordende des Attersees. Mehrere bekannte Spezialitätenrestaurants.

Sole-Hallenschwimmbäder („Meerwasser-Schwimmbäder") in Bad Aussee und Bad Ischl.

Sommerrodelbahnen in Fuschl, Strobl/Gschwendt und Windischgarsten.

Traunkirchen: Am Traunsee-Westufer auf einer Halbinsel malerisch gelegener Ort mit ehem. Benediktinerinnenkloster. Auf einem Hügel die Johanneskapelle. Ausflug auf den Kalvarienberg (Malerweg!) mit besonders schönem Blick zum Ort und auf den imposanten Traunstein. Ein Attraktion ist die Fronleichnamprozession am See!

Untersberg bei Salzburg: Auffahrt mit der Gondelbahn. Prachtvolle Rundsicht!

Tiefblick vom Zwölferhorn auf St. Gilgen und Wolfgangsee (vgl. Tour 7).

Wasserski-, Surf-, Segel- und Tauchschulen an allen größeren Salzkammergutseen.

Wetterbericht: Auskünfte über das Berg- und Wanderwetter erhält man unter den Telefonnummern 03 16/15 66 (Steiermark), 06 62/15 66 (Salzburg) und 07 32/15 66 (Oberösterreich).

Windischgarsten: Luftkurort mit herrlicher Umgebung. Sessellift auf den Wurbauer Kogel (Sommerrodelbahn). Ausflüge in die Vogelsangklamm (längste Klamm Oberösterreichs!), zum Pießling-Ursprung (stärkste Karstquelle der Ostalpen!), zum Gleinkersee und nach Roßleithen (Wildpark im Enghagen-Gut).

Stichwortverzeichnis

Die Zahlen sind keine Seitenangaben, sondern beziehen sich auf Tourennummern oder Notizen im Anhang (= A). Begriffe wie Gasthof, Hotel, Vordere, Untere usw. sind nachgestellt.

Zur Quartierreservierung und Information:

Die Fremdenverkehrsämter des Salzkammergutes mit Anschriften und Telefonnummern

A-5441 Abtenau,
Tel. 0 62 43 / 22 93-0
A-8992 Altaussee,
Tel. 0 61 52 / 7 16 43
A-4813 Altmünster,
Tel. 0 76 12 / 81 81
A-4864 Attersee,
Tel. 0 76 66 / 2 21, 2 19
A-4861 Aurach am Hongar,
Tel. 0 76 62 / 86 42, 86 41
A-8990 Bad Aussee,
Tel. 0 61 52 / 23 23, 47 20
A-4822 Bad Goisern,
Tel. 0 61 35 / 83 29
A-4820 Bad Ischl,
Tel. 0 61 32 / 77 57
A-8983 Bad Mitterndorf,
Tel. 0 61 53 / 24 44, 27 84
A-5323 Ebenau,
Tel. 0 62 21 / 80 55
A-4802 Ebensee,
Tel. 0 61 33 / 80 16
A-5061 Elsbethen-Glasenbach,
Tel. 06 62 / 2 88 91, 2 91 65
A-5301 Eugendorf,
Tel. 0 62 12 / 84 24
A-5324 Faistenau,
Tel. 0 62 28 / 3 14
A-5330 Fuschl,
Tel. 0 62 26 / 2 50
A-4810 Gmunden,
Tel. 0 76 12 / 43 05
A-5440 Golling,
Tel. 0 62 44 / 3 56
A-4824 Gosau,
Tel. 0 61 36 / 2 95
A-4645 Grünau,
Tel. 0 76 16 / 82 68
A-8993 Grundlsee,
Tel. 0 61 52 / 86 66
A-5400 Hallein-Bad Dürrnberg,
Tel. 0 62 45 / 53 94, 51 85
A-4830 Hallstatt,
Tel. 0 61 34 / 2 08
A-5302 Henndorf,
Tel. 0 62 14 / 2 77
A-5324 Hintersee,
Tel. 0 62 24 / 21 43
A-4573 Hinterstoder,
Tel. 0 75 64 / 52 63
A-5322 Hof,
Tel. 0 62 29 / 22 49
A-8952 Irdning,
Tel. 0 36 82 / 32 43
A-4560 Kirchdorf,
Tel. 0 75 82 / 30 20
A-5020 Koppl,
Tel. 0 62 21 / 72 05
A-5421 Krispl-Gaissau,
Tel. 0 62 40 / 4 14
A-5431 Kuchl,
Tel. 0 62 44 / 62 27
A-8940 Liezen,
Tel. 0 36 12 / 2 28 81-22
A-4563 Micheldorf,
Tel. 0 75 82 / 34 74, 34 61
A-5310 Mondsee,
Tel. 0 62 32 / 22 70
A-4865 Nußdorf / Attersee,
Tel. 0 76 66 / 80 64
A-4831 Obertraun / Dachstein,
Tel. 0 61 31 / 3 51, 2 73

A-4882 Oberwang,
Tel. 0 62 33 / 2 17
A-8984 Pichl-Kainisch,
Tel. 0 61 54 / 2 01
A-8951 Pürgg-Trautenfels,
Tel. 0 36 82 / 29 11
A-5442 Rußbach,
Tel. 0 62 42 / 2 06
A-5020 Salzburg-Stadt,
Tel. 06 62 / 80 72-0
A-4880 St. Georgen im Attergau,
Tel. 0 76 67 / 3 86
A-5340 St. Gilgen,
Tel. 0 62 27 / 3 48
A-4817 St. Konrad,
Tel. 0 76 15 / 80 29, 80 33
A-8954 St. Martin am Grimming,
Tel. 0 36 84 / 22 03, 22 04
A-5360 St. Wolfgang,
Tel. 0 61 38 / 22 39
A-4644 Scharnstein,
Tel. 0 76 15 / 3 40
A-4861 Schörfling / Attersee,
Tel. 0 76 62 / 25 78
A-4863 Seewalchen / Attersee,
Tel. 0 76 62 / 23 86
A-4582 Spital am Pyhrn,
Tel. 0 75 63 / 2 49
A-8950 Stainach,
Tel. 0 36 82 / 22 46
A-4853 Steinach / Attersee,
Tel. 0 76 63 / 4 01
A-4881 Straß im Attergau,
Tel. 0 76 67 / 71 88
A-5204 Straßwalchen,
Tel. 0 62 15 / 3 20
A-5350 Strobl,
Tel. 0 61 37 / 2 55, 348
A-8982 Tauplitz-Tauplitzalm,
Tel. 0 36 88 / 24 46, 24 03
A-5303 Thalgau,
Tel. 0 62 35 / 3 50
A-4801 Traunkirchen,
Tel. 0 76 17 / 22 34
A-4866 Unterach / Attersee,
Tel. 0 76 65 / 83 27
A-4655 Vorchdorf,
Tel. 0 76 14 / 5 55
A-4574, Vorderstoder,
Tel. 0 75 64 / 82 55
A-4852 Weyregg,
Tel. 0 76 64 / 2 36, 2 68
A-4580 Windischgarsten,
Tel. 0 75 62 / 2 66, 84 40
A-4893 Zell am Moos,
Tel. 0 62 34 / 2 15